지금 어린이에게 필요한 경제를 배워요

유럽의 경제를 다룬 원서의 일부 내용을 우리나라 어린이들의 이해를 돕기 위해 수정 및 보완했으며, 우리나라 실정에 맞는 부록을 수록했습니다.

Les dessous de nos sous de Igor Martinache
Copyright © Editions Le Pommier, 2015
All rights reserved.

Korean Translation Copyright © BookInFish Publishing Co., 2017
This Korean Edition is published by arrangement with Editions Le Pommier, France
through Milkwood Agency, Korea.

이 책의 한국어판 저작권은 밀크우드 에이전시를 통해
Le Pommier와 독점 계약한 책속물고기에 있습니다.
저작권법에 의해 한국 내에서 보호를 받는 저작물이므로
무단 전재와 무단 복제를 금합니다.

우리 동네 경제 한 바퀴

지금 어린이에게 필요한 경제를 배워요

이고르 마르티나슈 글 | 허지영 그림 | 김수진 옮김

최선규(초등경제교육연구소 소장) 감수 · 추천

추천의 글

더 큰 세상을 위한 경제

　경제에 관한 많은 명언·명문들 가운데, 사람들의 뇌리에 가장 강하게 박혀 있는 문구는 '바보야, 문제는 경제야!(It's the Economy, Stupid!)'일 것입니다. 그래서 어른들은 아이들에게 경제를 가르치려 하고 경제를 알게 하려고 애쓰는 것이지요. 물론 어릴 때부터 경제를 아는 것은 중요한 일입니다. 하지만 여기서 우리는 짚어 넘어가야 할 점이 있습니다. 바로 '지금 어린이들에게 필요한 경제는 과연 어떤 경제인가' 하는 것입니다.

　어릴 때 배웠던 경제가 어른이 되었을 때 피부에 크게 와 닿지 않는 이유는 무엇일까요? 예전에 부르짖었던 '저축만이 살 길이다', '소비는 악덕이다', '쉬지 않고 일하는 것이 발전의 지름길이다'라는 구호들이 왜 지금에는 공허하게 느껴지는 것일까요? 앞을 내다본 것이 아닌 그 시절의 경제를 배웠기 때문이며, 구호 역시 그 당시의 사회를 나타내고 발전시키기 위한 경제 구호들이었기 때문입니다.

　그렇습니다. 지금 우리 아이들에게 알려 줘야 할 경제는, 앞으로 아이들이 독립적인 경제인이 되었을 때 필요한 경제여야 합니다. 그래서 '바보야, 문제는 경제야!'가 아니라 '바보야, 문제는 미래 경제야!(It's the Future Economy, Stupid!)'라고 해야겠지요.

물론 경제라는 큰 틀은 변하지 않을 것입니다. 하지만 그 경제가 추구하고 나타내는 결과들은 지금과는 굉장히 다른 세상을 만들어 낼 것입니다. 따라서 경제의 큰 줄기는 가르치되, 경제에서 뻗어 나가는 잔가지들이 다양하다는 것을 함께 알려 줘야 합니다.

이번에 감수한 『우리 동네 경제 한 바퀴』는 동네에서 일어날 수 있는 여러 가지 경제 활동을 통해 지금의 경제와 앞으로 일어날 경제를 잘 보여 주고 있습니다. 무엇보다 이제 우리나라에게 서서히 싹트고 있는 '공유 경제'라는 개념을 아이들이 자연스럽게 이해할 수 있도록 잘 풀어냈지요.

이 책은 로봇이 생산 활동을 하고 무인 자동차가 사람들을 운송하는 시대를 살아야 할 우리 아이들에게, 자신을 위한 경제가 아닌 더 큰 세상을 위한 경제가 무엇인지를 느낄 수 있도록 도와줄 것입니다.

초등경제교육연구소 소장 최선규

1장 우리 동네 은행에서 배우는 경제

[부록] 나디아의 첫 번째 경제 활동 도전기
- 스스로 용돈 관리하기! 28

09 내가 아는 돈, 내가 모르는 돈 ★돈이 하는 일

15 케이크로 시작하는 경제 ★경제의 뜻과 경제 활동

20 엄마가 대출을 받았어요 ★은행에서 하는 일

2장 우리 동네 시장에서 배우는 경제

[부록] 나디아의 두 번째 경제 활동 도전기
- 우리 동네 벼룩시장에 참여하기! 54

31 조엘 아저씨는 농부 상인 ★시장의 뜻과 종류

36 채소가 우리 식탁에 오기까지 ★물건의 유통 과정

41 이건 얼마인가요? ★수요와 공급으로 결정되는 가격

47 왜 나라에 돈을 낼까요? ★세금과 공공 서비스

차례

3장 우리 동네 회사에서 배우는 경제

[부록] 나디아의 세 번째 경제 활동 도전기
- 케이크 회사의 CEO 되어 보기! **78**

57 회사의 주인은 누구인가요?
★ 노동자의 권리

65 꼬리에 꼬리를 물고
★ 경제를 움직이는 가계와 기업과 정부

70 부유한 사람과 가난한 사람
★ 빈부 격차와 소득의 재분배

95 모두가 행복하기 위해
★ 협동조합과 공유 경제

89 공정하게 나누는 방법
★ 공정 무역의 필요성

81 팡 아저씨의 아름다운 마음
★ 사회적 기업의 가치

4장 우리 동네 사회적 기업에서 배우는 경제

[부록] 나디아의 네 번째 경제 활동 도전기
- 우리 반 '텃밭 가꾸기 협동조합' 만들기! **104**

106 [찾아보기]
엄마의 행복 식품점

내가 아는 돈, 내가 모르는 돈
돈이 하는 일

나는 나디아라고 해요. 호기심이 무척 많은 열두 살 여자아이이지요. 궁금한 건 그때그때 다르지만, 요새 가장 관심 있는 건 엄마의 창업이에요.

우리 엄마 말리카는 원래 공립병원 간호사로 응급실에서 일했어요. 그런데 최근에 간호사 일을 그만두고, 새로운 가게를 차린다고 해요. 사회적 기업의 제품을 파는 가게래요. 그래서 요새 엄마는 이런저런 준비를 하느라 무척 바쁘지요.

창업은 뭐고, 사회적 기업은 또 뭐냐고요? 사실 정확하게 알지는 못해요. 그래서 엄마를 도와 가게 준비를 하면서 하나하나 배울 생각이랍니다.

오늘은 엄마와 함께 은행에 가기로 했어요. 마침 학교가 개교기념일이라서 쉬는 날이거든요.

엄마는 은행에서 대출을 받을 거라고 해요. 모아 놓은 돈으로 가게를 열려고 했는데 돈이 부족해서, 은행에서 필요한 만큼만 돈을 빌리려고 한대요.

"저도 은행에 갈래요!"

동생 유세프도 나와 엄마를 따라나섰어요. 유세프는 여덟 살이고, 나 못지않게 호기심이 많지요. 은행에서 무슨 일을 하는지 궁금한가 봐요.

우리 가족은 은행에 도착했어요. 엄마는 대출 상담을 할 은행 직원인 프레드세수 아주머니를 찾았어요. 프레드세수 아주머니는 우리 집 아래층에 사는 이웃이기도 해요. 그런데 다른 사람과 상담 중이어서 기다려야 했지요.

"그럼 대출 상담하기 전에 돈을 조금 찾을까? 이따가 시장에 가서 사야 할 게 있으니 말이야."

엄마는 은행 창구로 가서 돈을 찾았어요.

"엄마, 어째서 은행에서 돈을 주는 거예요?"

유세프가 고개를 갸웃거리며 물었어요. 엄마는 그런 유세프를 보며 빙긋 웃었지요.

"그냥 돈을 주는 거라면 얼마나 좋겠니? 안타깝지만 은행에서 자기 돈을 주는 것이 아니라, 엄마의 계좌에 들어 있던 돈을 내주는 거란다."

엄마의 설명을 듣고도 유세프는 잘 이해하지 못한 듯 고개를 갸웃거렸어요.

그래서 누나인 내가 나섰지요.

"엄마가 은행 통장을 만들어서 돈을 넣으면, 은행에서는 돈이 들어왔다고 엄마의 통장에 기록을 하지. 반대로 엄마가 돈을 찾으면 은행에서는 돈이 나갔다고 기록하고. 그렇게 돈을 넣고 뺄 때 은행에서 돈을 더하고 빼 주는 기록을 '계좌'라고 불러."

나는 어깨를 쭉 펴며 유세프에게 설명해 줬어요.

유세프는 내 말을 듣고 손가락을 접었다 폈다 하면서 덧셈과 뺄셈이라고 혼자 중얼거렸어요. 유세프의 표정이 조금 밝아진 걸 보니 잘 이해한 듯싶었지요.

바로 그때 우리 뒤에서 다정한 목소리가 들렸어요.

"말리카, 오래 기다렸지요?"

뒤돌아보니까 프레드세수 아주머니가 서 있었어요.

"안녕하세요? 프레드세수 아주머니."

나와 유세프는 함께 인사했어요.

"유세프는 은행에서 돈이 오가는 모습이 신기한 모양이구나."

프레드세수 아주머니가 유세프를 바라보며 방긋 웃었어요.

"네, 엄마와 누나가 잘 설명해 줘서 이제는 알 것 같아요. 그런데 돈은 참 대단해요. 돈 없으면 아무것도 못하잖아요. 맛있는 것도 못 먹고, 장난감도 못 사고요."

유세프는 엄마 손에 있는 돈을 빤히 바라보며 말했어요.

"그래, 돈은 아주 중요하지. **필요한 물건을 살 때 그 값만큼 지불하는 수단**이 바로 **돈**이거든."

프레드세수 아주머니는 계속 말을 이었어요.

"돈은 우리 사회에서 다양한 일을 한단다."

돈으로 물건을 쉽게 교환할 수 있어.

돈은 물건의 가치를 나타내 주지.

돈은 부나 재산을 편리하게 저장할 수 있게 해 준단다.

앗, 늦었다! 물물교환을 하는 것보다 돈으로 사는 것이 더 편리하구나.

프레드세수 아주머니의 이야기를 듣고 나니까 돈 덕분에 우리가 편리하게 경제 활동을 하고 있다는 사실을 알게 되었어요. 그리고 돈이 더 이상 지폐나 동전으로만 보이지 않았어요. 우리 사회를 움직이는 커다란 손처럼 보였지요.

은행에서 만난 경제 멘토

동전과 지폐로만 물건을 살 수 있나요?

#가상 화폐 #비트코인 #동전 없는 사회

은행에서 발행해 주는 '수표'나, 백화점과 마트 등에서 발행해 주는 '상품권'으로도 물건을 살 수 있단다. 또한 '신용카드'를 사용해 물건값을 결제할 수도 있지.

정보 통신 기술이 발달하면서 스마트폰, 인터넷으로도 쉽고 편하게 결제할 수 있게 되었어. 무엇보다 온라인에서 돈처럼 거래할 수 있는 새로운 형식의 화폐인 '가상 화폐'가 주목을 받고 있지. 최근에는 가상 화폐 가운데 비트코인이 정식 화폐로 인정받기 시작하면서, 온라인뿐만 아니라 비트코인으로 결제할 수 있는 오프라인 가게가 점점 늘고 있단다.

이처럼 결제 방식이 다양해지면서 지폐나 동전의 역할이 줄어들고 있어. 실제로 많은 나라에서 잔돈을 동전으로 거슬러 주지 않고, 가상 화폐나 카드 마일리지 등으로 주는 시스템을 연구하고 있대. 머지않아 '동전 없는 사회'가 다가올 거야.

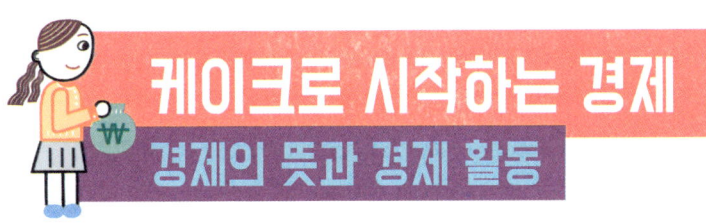

케이크로 시작하는 경제
경제의 뜻과 경제 활동

"사실 너희들이 알고 있는 돈, 그러니까 지폐와 동전은 경제라는 거대한 순환 속에서 돌고 도는 아주 작은 일부분에 불과하단다."

프레드세수 아주머니가 이번에는 경제 이야기를 시작했어요.

"경제가 뭔가요? 텔레비전에서 사람들이 늘 경제 이야기를 하고 있던데, 저는 무슨 말인지 잘 모르겠어요. 누나는 알고 있어?"

유세프가 물었지만 경제에 대해서는 잘 몰라서, 그냥 어깨를 한 번 으쓱했지요. 일상생활에서 경제라는 말은 많이 듣지만, 정확히 무슨 뜻인지 설명하기는 어려웠어요.

"**경제**는 **우리가 살아가는 데 필요하여 사고파는 것들을 만들고, 바꾸고, 쓰고, 나누는 모든 활동**을 말한단다."

프레드세수 아주머니는 자신의 사무실로 우리 가족을 안내하면서 경제에 대해 설명해 줬어요.

"아직도 잘 모르겠어요."

유세프는 엄마에게 도움을 청했어요. 엄마는 잠시 고민하다가 적절한 비유를 찾았는지 손뼉을 탁 쳤어요.

"여러 사람을 위해 커다란 케이크를 준비한다고 생각해 보자. 먼저 케이크를 만들려면 어떤 재료를 사용할지 정해야겠지?"

"케이크를 만들려면 계란, 설탕, 밀가루가 필요해요."

나는 케이크에 필요한 재료를 하나하나 떠올렸어요.

"초콜릿도요!"

유세프는 군침을 삼키며 자기가 가장 좋아하는 재료를 내 말에 덧붙였어요.

"케이크를 만들기 위해 다양한 재료가 필요하듯이 우리 사회가 만들어지고 제대로 굴러가기 위해서는 필요한 게 많겠지. 그렇게 사회에 필요한 '무엇'을 만들고, 바꾸고, 쓰고, 나누는 과정에서 이루어지는 모든 활동을 '경제 활동'이라고 한단다.

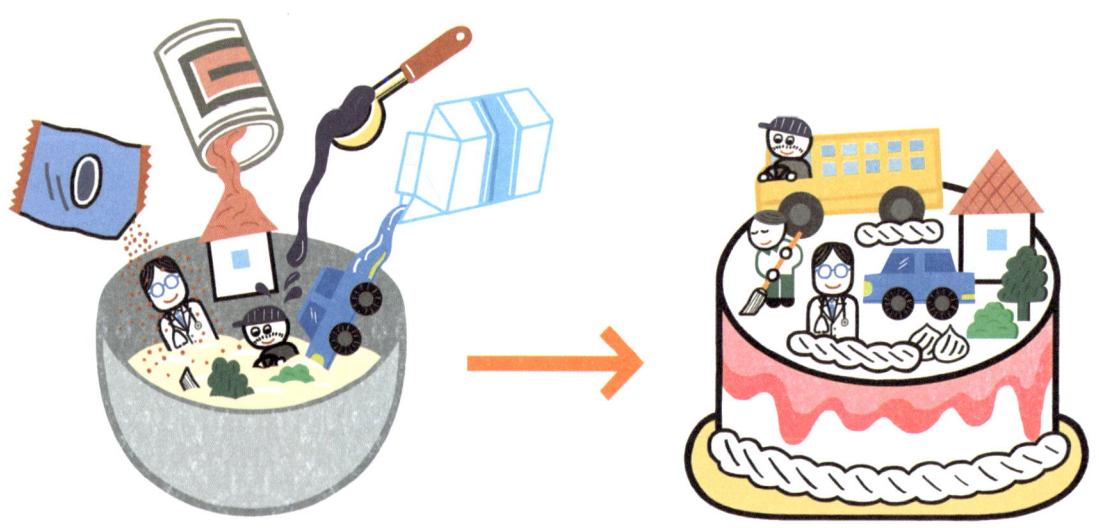

엄마는 나와 유세프를 위해 좀 더 자세하게 설명해 주었어요.
"그 무엇은 '재화'와 '서비스'로 나눌 수 있지."

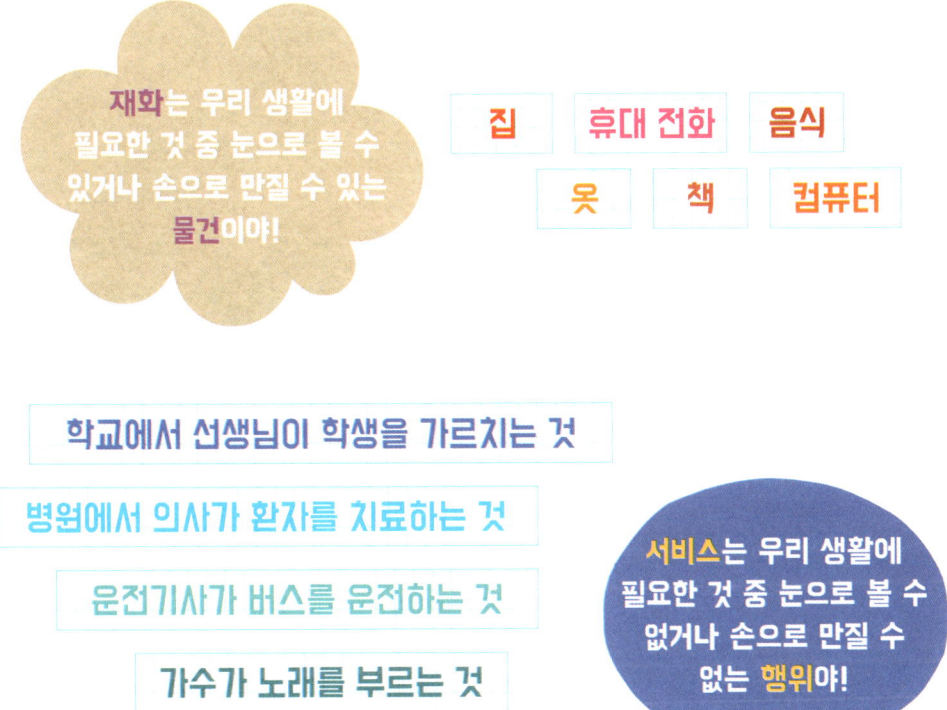

엄마가 차근차근 잘 설명해 줘서, 뒤죽박죽이었던 내 머릿속이 정리되기 시작했어요. 우리 동네 학교 선생님과 의사 선생님, 그리고 버스 기사 아저씨의 얼굴이 떠올랐어요. 모두 경제 활동을 하고 있던 거였어요.

"그러면 집에서 청소를 하고, 요리를 하는 것도 서비스인 건가요? 그런데 왜 제가 식탁을 차리거나 설거지를 도와드리면 돈을 주시지 않는 거죠?"

"음, 그건 이렇게 생각해 보면 어떨까. 나디아 너는 가족을 위해 집안일을 한 거잖니. 그리고 네가 집안일을 도울 때마다 엄마가 칭찬을 해 주었잖아. 내가 칭찬을 해 주면, 너도 마음이 뿌듯했을 거고."

엄마가 싱긋 웃으며 말했어요. 엄마 말은 정말 맞았어요. 그래서 나도 모르게 고개를 끄덕였지요.

은행에서 만난 경제 멘토

물건을 사는 것만 경제 활동일까요?

#생산 #분배 #교환 #소비

경제 활동은 우리 생활에 필요한 재화나 서비스를 만들고, 바꾸고, 쓰고, 나누는 모든 활동을 말한단다. 좀 더 자세히 살펴볼까? 재화를 만들거나 서비스를 하는 활동을 '생산'이라고 해. 그렇게 생산된 재화나 서비스를 이용하기 위해 자신의 자산과 바꾸는 것을 '교환', 교환하여 가진 재화나 서비스를 쓰는 것을 '소비'라고 하지. 그리고 생산 활동에 참여한 사람들이 재화나 서비스로 벌어들인 소득을 나누는 것을 '분배'라고 한단다.

빵집을 예로 들어 볼게. 맛있는 빵을 만드는 제빵사는 생산 활동을 하고 있는 거야. 빵을 먹고 싶은 사람이 자신의 돈으로 빵을 사는 게 교환 활동이고, 그 빵을 맛있게 먹는 게 소비 활동이지. 그리고 빵을 팔아서 번 돈을, 빵을 만든 제빵사와 빵을 만드는 데 필요한 재료를 만든 생산자들이 나눠 갖는 것이 바로 분배 활동이란다.

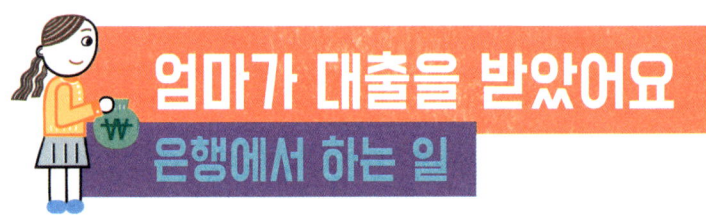

엄마가 대출을 받았어요
은행에서 하는 일

엄마는 은행에서 돈을 얼마나 빌릴 수 있는지 프레드세수 아주머니와 이야기했어요. 두 사람 사이에서 대출과 소득이라는 어려운 단어가 오갔지요.

나와 유세프는 엄마 옆에 가만히 앉아서 일이 잘 끝나기를 기다렸어요. 한참 뒤에 엄마는 프레드세수 아주머니에게 고맙다고 말하며 자리에서 일어났어요.

"잘 해결된 건가요?"

나는 엄마에게 나가가 조심스럽게 물었어요.

"그래, 이제 가게를 차릴 수 있겠구나."

엄마는 들뜬 목소리로 대답했어요. 엄마가 환하게 웃어서 나도 덩달아 입꼬리가 올라갔지요.

"그럼 이제 프레드세수 아주머니께 더 물어봐도 되는 거죠? 궁금한 게 진짜 많단 말이에요."

유세프가 벌떡 일어나며 말했어요. 웬일로 조용하다 싶었더니, 일이 빨리 끝나길 기다리고 있던 거예요.

"어머, 궁금한 게 있으면 엄마한테 물어보면 되지."

엄마는 당황해서 유세프를 달랬어요.

"괜찮아요. 오늘 업무는 한가한 편이니까 잠깐 시간을 내죠. 그래, 궁금한 게 뭐니?"

프레드세수 아주머니는 다정한 목소리로 유세프에게 물었어요.

"은행에서는 어떤 일을 하나요?"

"유세프가 은행에 대해 모두 알고 싶은 모양이구나. **은행**은 **저축하는 사람들의 돈을 맡아 주고, 돈이 필요한 사람들에게 돈을 빌려주는 곳**이란다. 그렇게 은행은 돈을 맡아 주는 예금 업무를 해. 은행에 돈을 맡기면 안전하기도 하고, 은행에서 이자를 붙여 주기 때문에 돈을 불릴 수 있어. 그리고 은행은 돈을 빌려주는 대출 업무를 해. 돈이 필요한 기업이나 사람에게 돈을 빌려주고, 그 대신 돈을 갚을 때 이자를 받지. 이렇게 대출해 주고 받은 이자의 일부를 은행은 저축한 사람들에게 다시 예금 이자로 돌려주는 거야."

"그래서 엄마가 은행에 돈을 빌리러 오셨군요."

유세프는 이제 알았다는 듯 손뼉을 쳤어요.

"그렇지. 은행에서는 그밖에도 다양한 일을 한단다. 다른 나라나 다른 지역으로 돈을 보내 주는 송금 업무를 하지. 그리고 각종 세금과 전기·가스·수도 요금 등의 공과금을 받기도 해. 또한 다른

나라 돈과 우리 나라 돈을 서로 바꿔 주고, 귀중품을 보관해 주기도 한단다. 그뿐만 아니라 은행에서는 신용카드를 발급해 주고, 신용카드와 관련된 업무를 처리해 주지."

프레드세수 아주머니는 나와 유세프가 귀를 기울이며 이야기에 집중하자 다른 이야기도 들려줬어요.

"우리 사회에서 돈이 어떻게 움직이고 있는지 좀 더 자세히 이야기해 주마. 먼저 알아야 할 것은 은행에서 발급한 카드나 수표, 은행을 통한 계좌 이체는 '돈을 전달하는 수단'이라는 거야. 다른 곳으로 이동할 때 버스를 타는 것처럼 말이지. 실제로 세상에 돌고 도는 돈의 대부분은 사람들의 계좌 거래 내역으로 존재한단다."

"계좌 거래 내역으로 돈이 움직인다고요?"

프레드세수 아주머니의 말을 들은 유세프가 깜짝 놀라서 큰 소리로 물었어요.

"예를 들어 너희 엄마가 은행의 신용카드로 물건을 사면, 은행은 엄마의 계좌에서 물건값만큼의 금액을 빼서 가게 주인의 계좌에 넣는 거지. 그렇게 결제가 이루어지면서 돈이 계좌에서 계좌로 돌고 도는 거야."

프레드세수 아주머니의 이야기는 정말 흥미진진했어요. 나는 돈이 계좌에서 계좌로 움직이는 장면을 머릿속에 그려 봤어요.

"제가 한번 정리해 볼게요. 회사에서 직원들에게 계좌로 월급을 주면, 계좌 거래 내역에 월급이라는 '수입'으로 기록되겠죠. 그리고 월급을 받은 직원들이 신용카드로 물건을 사면 이번에는 계좌 거래 내역에 신용카드 결제라는 '지출'로 기록되는 거고요. 그리고 그 지출된 돈은 물건을 판 상인의 계좌를 거쳐 물건을 만든 회사의 계좌로 들어가는 거죠. 그렇게 돈이 계좌에서 계좌로 한 바퀴 도는군요!"

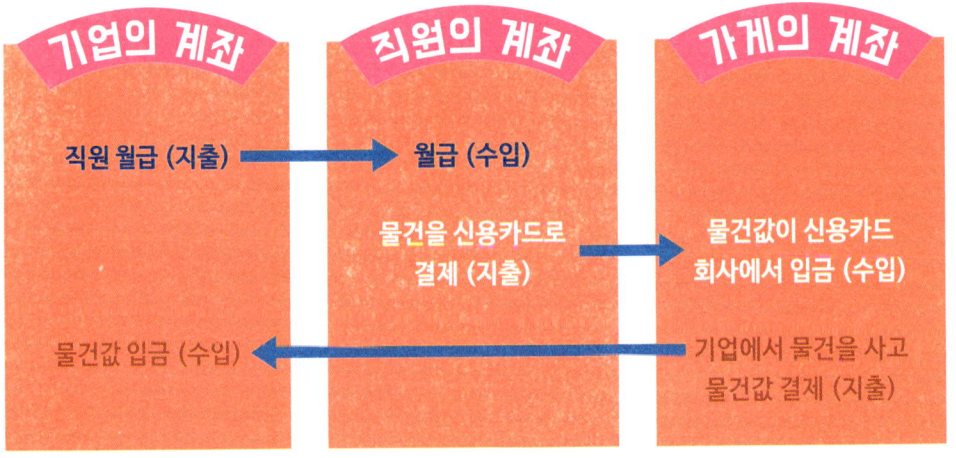

"나디아가 잘 이해했구나!"
프레드세수 아주머니가 내 머리를 쓰다듬어 줬어요.
"또, 또, 궁금한 게 있어요!"
유세프가 프레드세수 아주머니와 내 사이에 끼어들었어요.

"은행은 언제부터 돈을 빌려줬나요?"

유세프의 질문은 꽤 괜찮았어요. 나도 모르는 부분이었거든요.

"음, 그 이야기를 하려면 17세기로 거슬러 올라가야겠구나. 17세기 영국에 귀금속으로 장식품을 만드는 금 세공업자들이 있었단다. 금 세공업자들은 금을 안전하게 보관하기 위해 크고 튼튼한 금고를 가지고 있었지. 그래서 사람들은 귀금속이나 값나가는 물건을 금 세공업자들의 금고에 맡겼어. 그렇게 금 세공업자들은 귀금속을 보관해 주고, 보관증을 써 주었지. 이 보관증으로 사람들은 맡겨 두었던 귀금속을 언제든 되찾을 수 있었대. 무엇보다 사람들은 무거운 금을 들고 다니지 않고, 금 세공업자들이 써 준 보관증으로 물건을 사고팔기 시작한 거야."

프레드세수 아주머니는 계속 이어서 이야기해 줬어요.

"그런데 시간이 지나면서 금 세공업자들은 사람들이 귀금속을 찾으러 한날한시에 오지 않는다는 사실을 깨달았어. 그래서 돈이 필요한 다른 사람들에게 금을 빌려주고, 그만큼 이자를 받아서 이득을 얻었단다. 그렇게 금을 보관해 주기도 하고, 금을 빌려주기도 한 금 세공업자들이 바로 지금의 은행으로 발전한 거란다."

"우아!"

나와 유세프는 동시에 외쳤어요. 은행이 어떻게 생겨났는지 들고 나니까 은행에서 하는 예금 업무와 대출 업무가 제대로 이해가 되었거든요.

"자, 이제 아주머니께 고맙다는 인사를 해야지. 좋은 이야기를 많이 들려주셨으니 말이야."

엄마는 나와 유세프를 바라보며 말했어요.

"고맙습니다!"

우리는 함께 감사 인사를 했어요.

"나디아와 유세프가 잘 듣고 잘 이해해 줘서 나야말로 즐거웠단다. 다음에 또 보자꾸나."

프레드세수 아주머니는 은행 문까지 우리를 배웅해 줬어요.

우리 가족은 은행을 나서면서 콧노래를 불렀어요. 엄마는 은행에서 원하는 돈을 빌리게 되어서 이제 가게를 열 수 있게 되었고, 나와 유세프는 경제가 재밌어지기 시작했거든요.

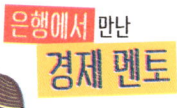

은행에서 만난 경제 멘토

은행 같은 곳이 또 있을까요?

#금융 회사 #보험 회사 #증권 회사 #신용카드 회사

금융 회사는 돈이 필요한 사람과 돈을 빌려주는 사람을 연결해 주는 일을 한단다. 가장 대표적인 금융 회사가 은행이고, 그밖에 보험 회사, 증권 회사, 신용카드 회사 등이 있지.

먼저 '보험 회사'에 대해 알려 줄게. 많은 사람들이 사고에 대비하기 위해 보험 회사와 계약을 하고 미리 보험료를 내. 보험 회사는 사람들이 낸 보험료를 모아 놓았다가, 보험에 가입한 사람이 사고가 났을 때 약속했던 돈을 준단다. 그리고 '증권 회사'는 여러 회사에서 발행한 주식을 사고파는 곳이지. 주식이 뭐냐고? 회사는 필요한 돈을 마련하기 위해 투자자를 모아. 그렇게 투자자에게 돈을 받고, 그 액수가 적힌 증서를 주지. 그게 바로 주식이야. 마지막으로 신용카드는 많이 들어 봤지? '신용카드 회사'는 일정한 자격이 있는 회원에게 카드를 발급해 줘. 그러면 회원은 그 카드로 재화나 서비스를 이용하고 정해진 날짜에 돈을 갚는 거란다.

나디아의 첫 번째 경제 활동 도전기

★ 도전 주제 : 스스로 용돈 관리하기!
★ 도전 목표 : 한 달에 한 번 받는 용돈을 계획적으로 소비해 봐요.

 현명하게 선택해요

사고 싶은 물건은 아주 많지만, 다 살 수는 없어요. 나에게 어떤 물건이 더 필요한지 고민해 보고 잘 선택해야 돼요.

나는 사고 싶었던 옷과 책이 있어요. 둘 중에 하나를 선택하려면 우선 두 물건의 가치를 비교해 봐야 해요. 새 옷을 산다면 기분이 좋겠지만, 비슷한 옷이 집에 있어요. 책을 산다면 평소에 읽고 싶었던 거라서 마음이 뿌듯하고, 나중에 유세프도 읽으면 좋을 것 같아요. 옷보다는 책을 샀을 때 더 만족스러울 것 같아서 나는 책을 사기로 마음먹었어요.

이렇게 내가 고른 것이 포기한 것보다 만족도가 크다면 현명한 선택을 한 것이지요.

 지출 계획을 세워요

용돈에 맞는 지출 계획을 세워야 해요. 용돈을 받으면 저축할 돈, 사용할 돈, 여윳돈을 나에게 맞게 잘 쪼개야 해요.

무엇보다 용돈 기입장을 쓰는 습관을 길러요. 용돈 기입장은 언제, 무엇에, 얼마나 썼는지 기록하는 거예요. 용돈 기입장을 쓰면 수입과 지출을 한눈에 살필 수 있어서 지출 계획에 맞게 돈을 관리할 수 있답니다.

★ **지출 계획 잘 세우는 법**

① 저축할 돈을 가장 먼저 정하기!
② 지난달에 지출한 돈을 참고해서 교통비, 학용품비, 간식비 등 사용할 돈 정하기!
③ 나머지 돈을 여윳돈으로 챙겨 놓기! 갑자기 돈 쓸 일이 생길 때를 대비할 수 있다.

돈을 모아요

용돈의 일부분을 저축해 봐요. 은행에 저축을 하면 이자를 받을 수 있고, 나중에 큰돈이 돼서 필요한 일에 쓸 수 있어요.

> ★ **저축의 종류**
> ▶ 은행에 돈을 맡기고 아무 때나 찾을 수 있는 '보통 예금'.
> ▶ 매달 일정한 돈을 저축해서 목표 금액이 됐을 때 찾는 '정기 적금'.
> ▶ 큰돈을 일정 기간 동안 은행에 맡기는 '정기 예금'.
> ▶ 여기서 알아 둘 점! 보통 예금의 이자율보다는 정기 적금과 정기 예금의 이자율이 더 높다.

나는 정기 적금 통장을 만들어서 매달 일정한 돈을 저축해요. 나중에 돈을 모아서 해외여행을 가고 싶어요. 목표가 생기니까 더 열심히 저축을 하게 돼요.

★ **도전 성과를 확인해요!**

∨ 지난달에 돈을 가장 많이 쓴 지출 내역은 무엇인가요?
∨ 용돈 기입장을 꾸준히 쓰니까 어떤 점이 달라졌나요?
∨ 은행에 저축해서 큰돈을 모으면 무슨 일을 하고 싶나요?

조엘 아저씨는 농부 상인
시장의 뜻과 종류

은행에서 나와 이번에는 동네 시장으로 갔어요. 시장은 언제나처럼 밝고 활기찼지요.

"그런데 아까 돈을 빌릴 때 프레드세수 아주머니랑 무슨 이야기를 나누신 거예요? 돈을 빌리겠다고 하면 그냥 빌려주는 거 아닌가요? 돈을 갚기만 하면 되잖아요."

나는 고개를 갸웃거리며 엄마에게 물었어요.

"은행에서 대출을 받으려면 엄마가 앞으로 사업을 어떻게 할 것인지 사업 계획을 자세히 설명해야 한단다. 돈을 빌려주는 은행 입장에서는 엄마가 사업을 계획대로 했을 때 충분한 수입을 올려서 대출받은 돈을 갚을 수 있는지 확실하게 따져 봐야 하거든."

"수입이요?"

유세프가 물었어요.

"용돈 기입장에 있는 바로 그 수입을 말하는 거야. 우리가 용돈을 받으면 수입 칸에 용돈 금액을 쓰잖아."

내가 설명해 주자 유세프는 바로 고개를 끄덕였어요.

"그러니까 '수입'은 돈이 들어오는 걸 말하는 거구나!"

"그래, 바로 맞혔어! 돈이 나가는 의미의 '지출'과 반대되는 말이기도 하지. 재미있는 건 누군가의 수입은 다른 누군가의 지출일 수도 있다는 거야. 예를 들어 볼까. 엄마가 샤를로트 아주머니의 빵집에서 빵을 산다면, 아주머니한테는 수입이 되고 엄마한테는 지출이 되는 거지."

엄마가 설명해 주자 유세프는 더 크게 고개를 끄덕였어요.

우리는 도란도란 이야기하면서 조엘 아저씨의 가게로 갔어요.

조엘 아저씨는 농부예요. 직접 기른 농작물을 시장에 내다 팔지요. 엄마는 시장에 오면 항상 조엘 아저씨의 가게에 들러요. 한마디로 엄마는 조엘 아저씨의 단골이라 볼 수 있지요.

"안녕하세요?"

"밀리카, 어서 와요."

조엘 아저씨는 엄마를 반갑게 맞아 줬어요.

"오늘은 나디아와 유세프도 함께 왔구나."

"안녕하세요?"

나와 유세프도 조엘 아저씨에게 인사했어요.

"시장은 항상 사람이 북적거리는 것 같아요."

나는 시장을 둘러보며 말했어요.

"사람이 많을 수밖에. **시장은 물건을 파는 사람들과 물건을 사는 사람들이 만나서 서로 정보를 교환하고 상품을 거래를 하는 곳**이니까 말이야."

조엘 아저씨는 계속 말을 이었어요.

"여기처럼 물건을 사고파는 시장으로 백화점과 대형 마트도 있단다. 그리고 '눈에 보이지 않는 것'을 파는 시장도 있지."

"눈에 보이지 않는 거라면…… 혹시 서비스를 말하는 건가요?"

나는 은행에서 배운 재화와 서비스를 떠올리며 물었어요. 그러

자 조엘 아저씨는 크게 놀라며 고개를 끄덕였어요.

"나디아가 잘 알고 있구나. 그래 맞아. 서비스 시장이지. 그래서 서비스를 이용할 수 있는 병원이나 미용실도 시장이라 볼 수 있단다. 요새는 집에서 인터넷 쇼핑도 할 수 있지? 그것도 시장이란다."

"그러니까 재화와 서비스를 사고파는 장소를 시장이라고 하는 거군요."

조엘 아저씨의 설명 덕분에 나는 시장이 어떤 곳인지 좀 더 정확하게 알게 되었어요.

시장이 왜 필요할까요?

#시장 #생산자와 소비자

　시장에서는 과일, 채소, 생선과 같은 먹을거리에서 옷, 가방, 신발 등 생활에 필요한 다양한 물건들을 사고판단다.

　그런데 만약에 시장이 없다면 어떻게 될까? 과일과 채소를 사려는 사람은 농부를 직접 찾아가야 하겠지. 생선을 사려면 바닷가에 사는 어부에게, 옷과 가방이 필요하면 공장으로 직접 가서 사야 할 거야. 그렇게 물건을 사는 소비자는 생산지로 찾아가기 위해 비용과 시간을 많이 쓰게 되겠지. 생산자 입장에서도 시장이 없으면 불편할 거야. 물건을 가지고 소비자를 직접 찾으러 다녀야 할 테니까 말이야.

　시장은 생산자와 소비자를 연결해 주는 중요한 역할을 한단다. 그렇게 생산자는 팔 상품을 시장에 내놓고, 소비자는 시장에 가서 필요한 물건을 살 수 있는 거지.

채소가 우리 식탁에 오기까지
물건의 유통 과정

"조엘 덕분에 신선한 과일과 채소를 살 수 있어서 얼마나 좋은지 몰라요."

엄마는 가게 진열대를 둘러보며 말했어요.

"나야말로 자주 찾아와 주는 말리카에게 고맙죠. 사실 최근에 안 좋은 일이 있었어요. 지난주에 폭풍우가 몰아쳐서 감자 창고가 물에 잠겨 버렸거든요. 그 바람에 창고에 있던 감자가 모두 썩어 버렸지 뭐예요. 감자를 아예 안 팔 수도 없어서, 도매로 감자를 사야 하나 고민하고 있지요."

"도마요?"

조엘 아저씨의 말을 듣고 있던 유세프가 불쑥 끼어들었어요.

"허허, 도매란다! 시장에 있는 채소 상인들은 대부분 직접 농사를 짓지 않아. 그래서 채소 상인들은 싼값에 많은 양을 파는 다른 상인들에게 물건을 사서, 시장에 내놓고 파는 거지. 바로 이렇게 **생산자에게서 물건을 사서 소매상인에게 파는 것**을 **도매**라고 한단다."

"소매는 또 뭔가요?"

유세프가 곧바로 물었어요.

"도매상인들은 나 같은 농부들, 그러니까 생산자에게서 상품을 산단다. 도매상인들은 한꺼번에 많은 양을 사기 때문에, 싼값으로 살 수 있는 거지. 그리고 **도매상인에게서 물건을 사서 소비자에게 파는 것**은 **소매**라고 한단다. 지금 시장에 있는 상인들이 바로 소매 상인들이지."

조엘 아저씨가 시장에 있는 상인들을 쭉 훑으며 말했어요.

"시장의 물건들은 조엘 아저씨처럼 생산지에서 직접 오기도 하고, 도매상인을 거치기도 하는군요."

나도 조엘 아저씨를 따라 다른 가게들을 휘둘러보았어요.

"그래. 그렇게 **물건이 생산자에서 소비자에게 오기까지의 과정**을 **유통**이라고 한단다."

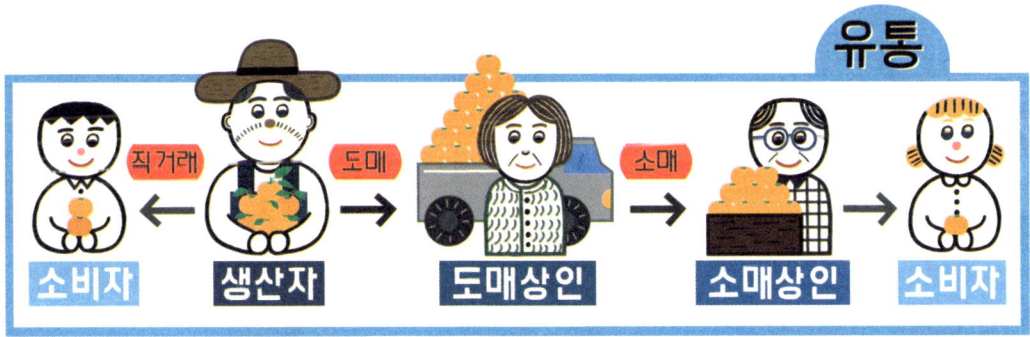

"조엘 아저씨, 그런데 이상한 게 있어요!"

유세프가 무언가를 발견하고는 소리쳤어요.

조엘 아저씨와 엄마 그리고 나는 유세프가 손가락으로 가리키는 쪽을 봤지요. 유세프가 말하는 것은 다른 가게에서 파는 채소의 가격표였어요.

"같은 채소인데, 조엘 아저씨의 채소 가격보다 비싸요."

나는 유세프의 관찰력이 뛰어나서 깜짝 놀랐어요. 그건 나도 미처 몰랐던 부분이었거든요.

"유세프가 잘 봤구나. 채소의 가격이 다른 것은 채소의 품질 차이일 수도 있지. 예를 들어 유기농 채소가 좀 더 비싸기도 하니까 말이다. 그런데 저 가게의 채소 가격과 내가 운영하는 가게의 채소 가격이 다른 건 유통 과정이 서로 달라서 그렇단다."

"유통 과정이 다르다고요?"

내가 되묻자, 조엘 아저씨는 차근차근 설명을 시작했어요.

"그래. 나는 직접 농사를 지은 채소를 가져왔잖니. 하지만 다른 상인들은 도매상인을 거쳤다고 했지? 그러니까 생산자에서 도매상인, 도매상인에서 소매상인으로 오는 과정에서 물건을 옮기는 운반비와 물건을 보관하는 보관비 등이 더해진 거야. 상인들은 이익을 남겨야 하니까 당연히 물건값은 비싸지는 거지."

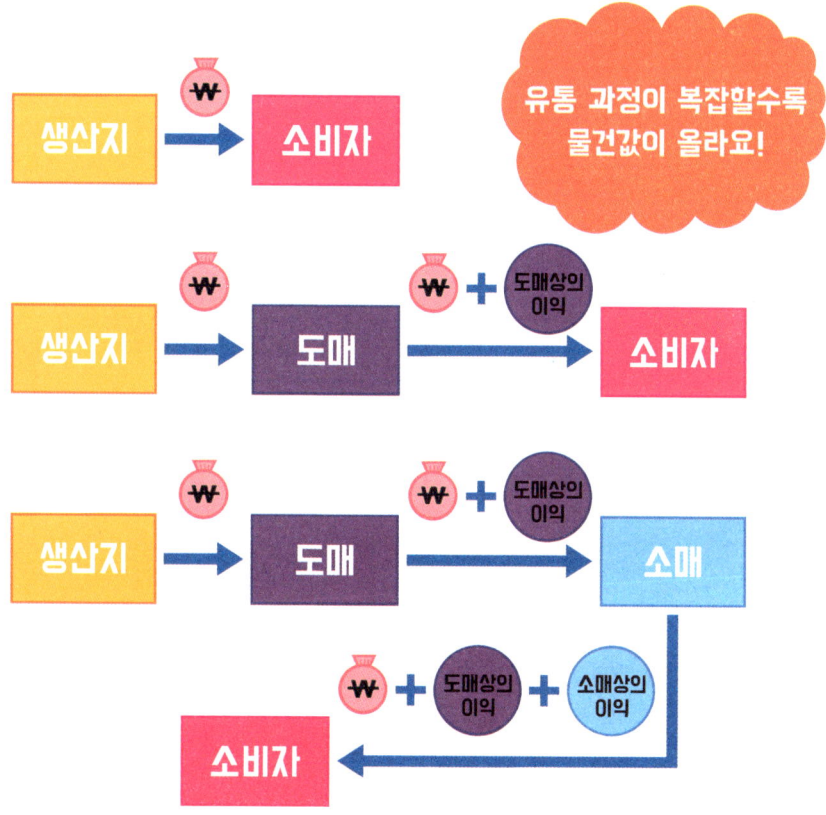

조엘 아저씨의 유통 이야기를 듣고 나니까, 엄마의 채소 수프가 머릿속에 떠올랐어요. 수프에 들어간 채소가 우리 집 식탁으로 그냥 굴러들어 온 게 아니었던 거예요. 유통 과정을 통해 많은 손을 거쳐 왔던 거였어요.

시장에서 만난 경제 멘토

왜 동네 슈퍼마켓의 과자 가격보다 대형 마트의 과자 가격이 더 싼가요?

#가격 #유통 과정 #도매상 #소매상

우선 과자가 어떤 유통 과정을 거쳤는지 알아야 해. 기업에서는 과자를 만들고 기업의 이익에 맞게 가격을 정한단다. 그러고 나서 과자를 도매상에 팔지. 도매상에서도 이익을 얻어야 하기 때문에 기업에서 정한 가격에 도매상의 이익을 붙여서 소매상에 판단다. 그리고 소매상에서는 도매상의 가격에 소매상의 이익을 붙여서 소비자에게 파는 거지.

대형 마트는 과자를 생산한 기업에서 내탕으로 과지를 구입해 소비자에게 판단다. 그런데 동네 슈퍼마켓은 도매상을 거쳐 과자를 사들여서 소비자에게 팔기 때문에, 동네 슈퍼마켓의 과자 가격은 대형 마트의 과자 가격보다 좀 더 비싸지는 거지.

알아 둘 점은 물건에 따라 대형 마트가 더 비쌀 수도 있고, 대형 마트에 가는 것보다 동네 슈퍼마켓에서 사는 게 더 편하고 교통비를 아낄 수도 있으니까 잘 따져 보고 물건을 사렴.

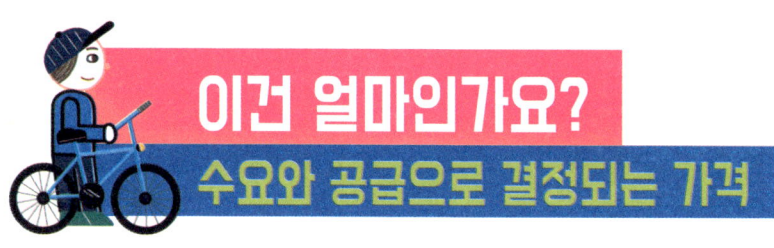

이건 얼마인가요?
수요와 공급으로 결정되는 가격

엄마는 제철 채소를 몇 개 샀어요.

"오늘 저녁에 맛있는 채소 수프를 해 줄게."

나와 유세프는 군침을 꿀꺽 삼켰어요. 엄마의 채소 수프는 정말 맛있거든요. 매일매일 먹어도 질리지 않을 만큼 말이에요.

그때 바로 옆에 예쁜 장식품들을 파는 가판대가 보였어요.

"엄마, 잘 이해가 안 가요."

나는 엄마에게 장식품을 가리키며 물었어요.

"방금 채소를 여럿 샀는데, 그 가격보다 저렇게 작은 반지 하나가 더 비싸잖아요. 왜 그런 거죠? 장식보다는 먹는 것이 더 중요하지 않나요?"

엄마는 내 말이 재미있는지 살짝 웃었어요.

"나디아, 네 말이 맞아. 우리에게 의식주만큼 중요한 건 없지. 우신 물건의 가격이 어떻게 결정되는지 알려 주마."

"그냥 물건을 만든 사람이나 물건을 파는 사람이 결정하는 거 아닌가요?"

나는 고개를 갸웃거렸어요.

"정확히 말하자면 가격은 수요와 공급에 따라 정해진단다."

"수요와 공급이요?"

이번에는 유세프가 물었어요. 유세프는 모르는 단어가 나오면 그냥 지나치지 않아요.

"수요와 공급이라. 나같이 장사하는 사람에게는 아주 중요한 부분이지."

다른 손님에게 과일을 팔고 나서 조엘 아저씨가 우리에게 다가와 말을 건넸어요.

"자, 시장을 한번 둘러보렴. 뭐가 보이니?"

조엘 아저씨의 말에 나와 유세프는 시장을 이리저리 살피며 보이는 대로 말했어요.

"과일, 채소, 꽃, 보석, 빵…… 다양한 물건들이요!"

유세프가 말했어요.

"물건을 사는 사람들과 물건을 파는 상인들이요!"

나도 지지 않고 말했어요.

"둘 다 맞다. 시장에서는 물건을 사려는 사람들과 물건을 팔려는 사람들이 만나고 있지. 이때 **물건을 일정한 가격으로 사려고 하는 욕구**를 **수요**라고 한다. 그리고 반대로 **물건을 일정한 가격으로 팔**

려고 하는 욕구를 **공급**이라고 하지."

"음, 그렇다면 물건을 사려는 사람들과 물건을 팔려는 사람들에 의해 가격이 결정된다는 건가요?"

내 말에 조엘 아저씨가 고개를 끄덕이며 사과 하나를 집어 들었어요.

"그렇지. 이 사과를 예로 들어 보마. 사과를 사려는 사람들은 '수요', 사과를 팔려는 사람들은 '공급'이라고 볼 수 있지. 그런데 어느 해에 사과 농사가 잘되지 않아서 사과를 적게 수확했는데, 사과를 사려는 사람이 많다면 어떨까? 이 둘 사이의 균형을 맞추기 위해 사과 가격이 오르는 거란다."

"그러니까 물건의 양은 적은데, 물건을 사려는 사람이 많으면 가격이 올라가게 돼."

사과(공급) < 소비자(수요)
➡ 가격이 올라요!

조엘 아저씨의 말에 이어 엄마가 명쾌하게 정리해 줬어요.

"반대로 물건을 사려는 사람은 적은데, 물건의 양이 많으면 가격이 내려가는 거지."

사과(공급) > 소비자(수요)
→ 가격이 내려가요!

나는 이제껏 물건을 파는 상인들이 물건 가격을 결정한다고 생각했는데, 알고 보니 물건을 사는 사람들도 함께 가격을 정하고 있던 거예요.

그때 알리 아저씨의 목소리가 들렸어요.

"자자, 꽃 사세요! 꽃이 시들기 전에 많이들 사 가세요!"

알리 아저씨는 꽃을 파는 상인이에요. 손수레에 다양한 꽃들을 싣고 시장 곳곳을 돌아다니죠.

"그런데 누나, 알리 아저씨는 꽃으로 어떻게 살아가실까? 꽃은

먹을 수가 없잖아."

유세프는 내 옷깃을 잡아끌면서 걱정스러운 말투로 물었어요.

"걱정 마. 알리 아저씨는 꽃을 팔아 돈을 버시는 거니까. 빵집에서 일하시는 샤를로트 아주머니도 매일 빵이나 케이크만 드시면서 살지는 않잖아."

내가 웃으며 말하자, 유세프가 다행이라는 표정을 지었어요.

"그래 맞아. 나디아가 잘 말했어. 말이 나온 김에 교환 활동에 대해 짚고 넘어갈까? 샤를로트 아주머니는 자신이 생산한 빵을, 필요하거나 가지고 싶은 재화와 서비스로 교환한단다. 바로 이때 '돈'을 사용하는 거지. 아까 은행에서 경제 활동을 케이크에 비유했었지? 그 케이크를 다시 떠올려 보자. 우리 사회에서 생산한 재화와 서비스 전체를 케이크라고 한다면, 돈은 이 케이크의 한 부분을 가져갈 수 있는 수단이라 볼 수 있는 거야. 그러니까 돈이 많을수록 가져갈 수 있는 케이크의 크기도 커지겠지."

엄마의 설명을 듣고 나니까 내 머릿속에 물건이 돈으로 교환되는 모습이 자연스럽게 그려졌어요. 샤를로트 아주머니의 빵을 엄마가 돈으로 사고, 샤를로트 아주머니는 그 돈으로 조엘 아저씨에게 와서 필요한 채소와 과일을 사는 모습이 말이에요.

왜 채소보다 보석이 더 비싼 건가요?

#희소성 #가격

금이나 다이아몬드 같은 보석은 무척 비싸단다. 보석 하나를 살 수 있는 가격으로 채소를 한 트럭이나 살 수 있기도 하지.

보석이 채소보다 비싼 까닭은 '희소성' 때문이란다. 희소성이란 사람들이 원하는 것에 비해 물건이 적은 상태를 말해. 보석은 채소보다 구하기 힘들기 때문에 가격이 비싼 거지.

이렇듯 물건의 양은 아주 적은데 원하는 사람이 많으면, 그 물건의 희소성이 크다는 것이고, 가격은 비싸지는 거야.

내가 비싼 이유? 비결은 희소성!

왜 나라에 돈을 낼까요?
세금과 공공 서비스

"케이크 이야기를 하니까 진짜 케이크가 먹고 싶어요. 우리 빵집에 가요!"

유세프가 엄마의 팔을 잡아당기며 말했어요.

"지금 샤를로트의 빵집에 갈 건가요? 같이 가요. 오늘 점심으로 먹을 빵을 사야 하거든요."

조엘 아저씨는 알리 아저씨를 불러서 잠깐 가게를 봐 달라고 부탁했어요. 알리 아저씨는 고개를 끄덕이며 손수레를 잠깐 내려놓았지요. 조엘 아저씨는 알리 아저씨에게 고맙다고 말하고는 우리와 함께 빵집으로 향했어요.

"조엘, 요새 농장은 어떤가요?"

엄마는 조엘 아저씨에게 안부를 물었어요.

"과일과 채소 가격을 조금 올려야 하나 고민하고 있어요. 농장을 유지하는 비용이 만만치 않거든요. 농기계를 돌리는 비용도 들고, 일꾼들에게 보수도 줘야 하니까요. 게다가 나라에 세금도 내야 하고……."

조엘 아저씨는 고민하는 얼굴이었어요.

"세금이요? 나라에 돈을 낸다고요?"

나는 깜짝 놀라서 조엘 아저씨에게 물었어요.

"그래. 돈을 벌고 있는 사람은 누구나 소득의 일부를 세금으로 내고 있단다."

"힘들게 돈을 벌고, 왜 나라에 세금을 내야 하죠?"

"나디아 너희 집을 생각해 볼까? 엄마가 너와 유세프를 잘 돌보기 위해서는 돈이 필요하잖니. 국가도 마찬가지란다. 나라를 잘 돌보기 위해서는 돈이 필요하지. 그렇게 **국가나 지방자치단체가 나라나 지방의 살림을 잘 꾸려 나갈 수 있도록 개인과 기업이 소득의 일부분을 국가에 내는 돈**을 **세금**이라고 한단다."

나는 조엘 아저씨의 설명을 들으면서 고개를 끄덕였어요.

그사이에 샤를로트 아주머니의 빵집에 도착했어요.

"어서 와요!"

샤를로트 아주머니가 우리 가족과 조엘 아저씨를 반갑게 맞아 줬어요. 가게는 빵 굽는 냄새로 가득 차 있었지요.

"초콜릿 케이크 하나 살래요!"

유세프가 냉큼 말했어요.

"네, 우리 유세프가 먹고 싶어 하는 초콜릿 케이크 하나 주세요. 축하할 일이 있거든요. 오늘 대출을 무사히 받아서요. 제 가게를 열기 위해 첫걸음을 뗀 셈이죠."

엄마는 혼자 초콜릿 케이크를 고른 유세프를 살짝 흘겨보았다가 웃으면서 말했어요.

"어머, 말리카. 가게를 차릴 예정인가요? 축하해요. 바게트를 덤으로 줄게요."

샤를로트 아주머니는 엄마의 손을 맞잡으며 가게가 잘되길 바란다면서 축하해 줬어요.

"아! 그럼 엄마도 이제 가게를 차려서 돈을 벌면 세금을 내야겠네요."

나는 조엘 아저씨가 말해 준 세금 이야기를 떠올렸어요.

"그렇지! 물론 그 전에도 세금을 냈단다. 병원에서 월급을 받을 때도 월급에서 세금을 떼고 나머지 금액을 받았었거든."

엄마 말에 나는 고개를 끄덕였어요.

"그렇군요. 그러면 엄마도 조엘 아저씨도 샤를로트 아주머니도 모두 똑같은 금액의 세금을 내나요?"

내가 묻는 사이에 조엘 아저씨가 샌드위치를 하나 골라서 가까이 다가왔어요.

"세금을 모두 똑같은 금액으로 내지는 않지. 돈을 적게 버는 사람은 세금을 적게 내고, 돈을 많이 버는 사람은 세금을 많이 낸단다. 그래야 공평하지 않겠니?"

조엘 아저씨는 샤를로트 아주머니에게 샌드위치 값을 계산하면서 설명해 줬어요.

"우리 나라 국민은 정말 많잖아요. 그렇게 많은 사람들이 모두 세금을 낸다면, 돈이 엄청 많이 모일 텐데요. 도대체 그 돈을 어디다 쓰는 거예요?"

이번에는 유세프가 조엘 아저씨에게 물었어요.

"국가가 세금으로 하는 일이야 아주 많지!"

국토를 지키고 국민을 보호해 줘!

경찰, 소방관을 뽑아서 사회 질서가 잘 지켜지도록 해!

도로, 다리, 지하철을 만들어 교통을 편리하게 해!

학교, 도서관, 보건소, 공원 등을 만들고 관리해!

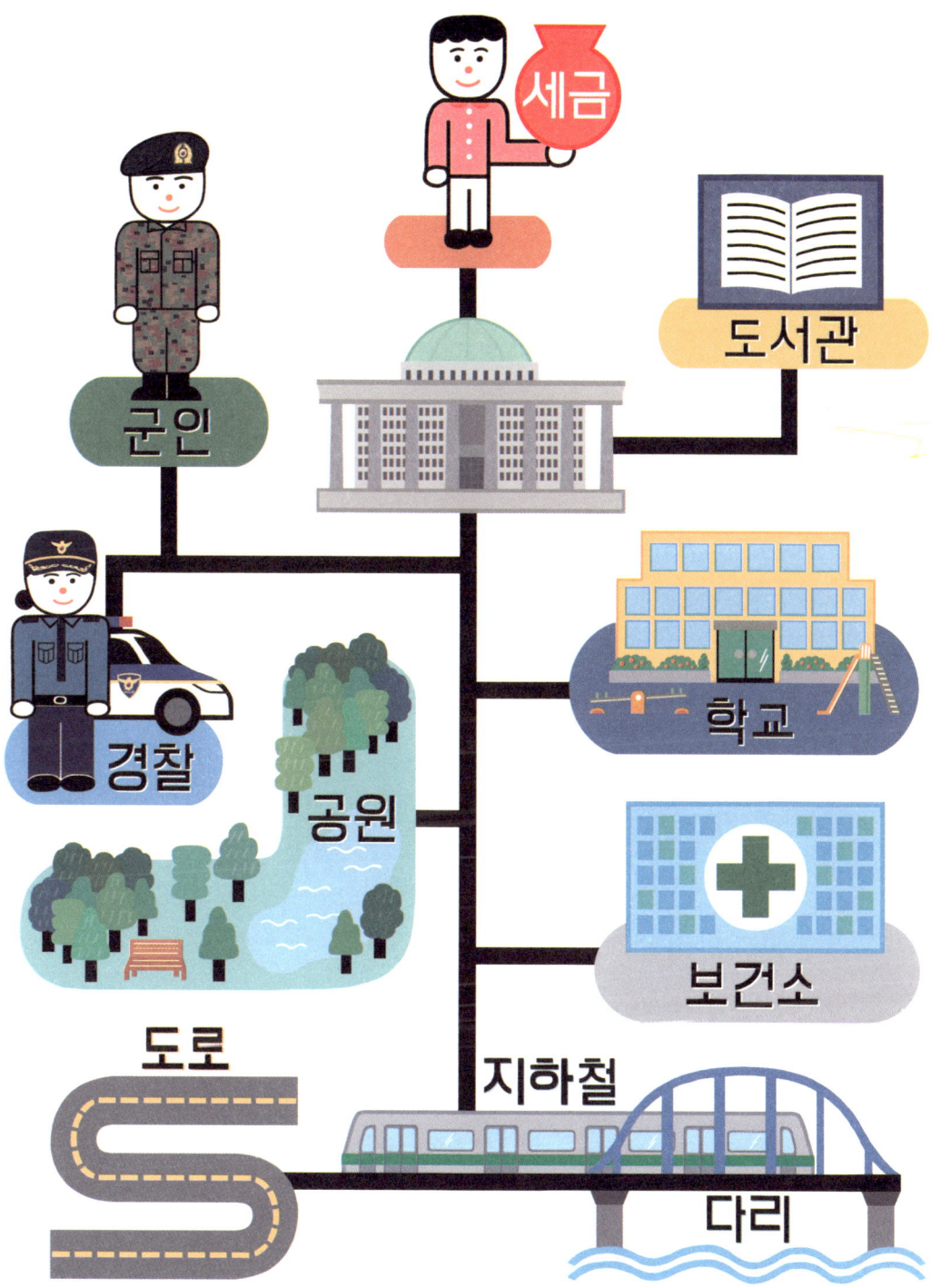

"우아, 모두 우리 동네에서도 볼 수 있는 시설들인데요?"

유세프가 놀라서 소리쳤어요.

"그래, 맞아. 이렇게 **국민들이 편안하고 행복하게 살 수 있도록 국가에서 제공해 주는 것**을 **공공 서비스**라고 한단다. 이러한 공공 서비스가 바로 국민들이 내는 세금으로 운영되는 거지."

조엘 아저씨 덕분에 공공 서비스까지 알게 되니까 신기했어요. 지금껏 조엘 아저씨를 농부 상인으로 만나 왔는데, 오늘은 경제 박사처럼 보였죠.

"이제 그만 가 봐야겠구나. 너무 오래 자리를 비워 두면 안 되니까 말이야."

조엘 아저씨는 서둘러 빵집을 나섰어요.

우리도 샤를로트 아주머니에게 인사를 하고 빵집을 나와 시장을 나섰어요. 엄마의 손에는 시장에서 산 여러 가지 물건으로 가득했어요.

앞으로 엄마도 가게를 차리면 물건을 파는 사람이 되고, 가격에 대해 고민하고, 세금도 내야겠지요. 할 일이 많을 엄마를 돕기 위해서, 경제에 대해 더 많이 공부해야겠다는 생각이 들었어요.

소득이 없는 어린이도 세금을 내나요?

#부가가치세 #영수증

물건을 사고 영수증을 자세히 본 적 있니? 영수증을 보면, 물건의 금액 위에 부가세라는 목록이 보일 거야. 그게 바로 '부가가치세'야. 부가가치세는 물건을 살 때 물건에 포함되어 있는 세금이지. 그러니까 어린이들도 물건을 살 때 세금을 내고 있는 셈이지.

물론 모든 물건에 부가가치세가 붙어 있는 건 아니야. 부가가치세가 붙지 않도록 법으로 정해진 품목이 있거든. 그 예로 쌀, 채소, 과일, 고기, 생선 등 가공하지 않은 식료품이나 도서와 신문 등이 있단다. 이제부터 물건을 살 때 영수증을 잘 챙기고 잘 살펴보렴.

잊지 말고 영수증 챙기기!

나디아의 **두 번째** 경제 활동 도전기

★ 도전 주제 : 우리 동네 벼룩시장에 참여하기!
★ 도전 목표 : 동네에서 열리는 벼룩시장에서 직접 물건을 사고팔아요.

시장에서 팔 물건을 정해요

인터넷을 통해 벼룩시장을 찾아보고 직접 참여해 봐요. 나는 우리 가족과 함께하기로 했어요. 먼저 시장에서 어떤 물건을 팔지 골라야 해요. 벼룩시장의 목적에 맞게 집에서 안 쓰는 물건 중에 골라요.

★ 벼룩시장에서 팔 물건 고르기
▶ 다른 사람들이 살 만한 물건인지 생각해 본다.
▶ 누구에게나 필요한 생활필수품, 계절에 맞는 물건이면 팔릴 확률이 높다.
▶ 잘 팔리지 않을 것 같은 물건은 잘 팔릴 것 같은 물건과 묶어서 판다.

물건의 가격을 정해요

물건을 골랐다면, 이제 물건마다 알맞은 가격을 정해야 해요. 나는 조엘 아저씨가 알려 준 수요와 공급의 법칙에 따라 가격을 정하려고 해요.

물건은 많은데 물건을 사려는 사람이 적으면 가격은 내려가요. 그러니까 다른 판매자들도 많이 가지고 나올 것 같은 물건은 가격을 낮게 매겨요. 반대로 물건은 적은데 물건을 사려는 사람이 많으면 가격은 올라가요. 그러니깐 나만 팔 것 같은 물건은 희소성이 크니까 가격을 높게 매겨요.

가격을 정했으면 가격표를 만들어 물건에 붙여요.

 ## 물건을 팔아요

드디어 벼룩시장이 열리는 날이 다가왔어요. 팔 물건을 잘 배치해요. 팔릴 것 같은 물건은 사람들의 눈에 띄도록 앞쪽에 놓아요. 그리고 가격이 비슷한 물건끼리 모아 놓는 것이 보기 좋아요.

물건 가격에 맞는 돈을 받고 물건을 팔아요. 분명 물건값을 깎아 달라는 사람도 있을 거예요. 여기서 흥정이 시작되는 거예요.

★ 흥정하는 법

▶ 흥정이란 물건을 사고파는 사람이 서로 가격에 대해 의논하는 것.
▶ 너무 많이 손해를 보지 않는 선에서 물건을 사는 사람과 함께 가격 결정.
▶ 싼 물건을 덤으로 주면서 물건 사는 사람을 설득해 보기.

물건을 팔면 그만큼 돈을 벌게 돼요. 나는 번 돈의 20퍼센트를 불우이웃돕기 단체에 기부하고, 나머지는 오늘 나를 도와준 가족과 함께 맛있는 저녁을 먹기로 했어요.

★ 도전 성과를 확인해요!

✓ 벼룩시장에서 물건을 많이 판 가판대는 어디였나요? 그 까닭은 무엇인지 생각해 봐요.
✓ 벼룩시장에시 얼마나 빌었나요? 그 논을 어떻게 쓸 것인지 고민해 봐요.

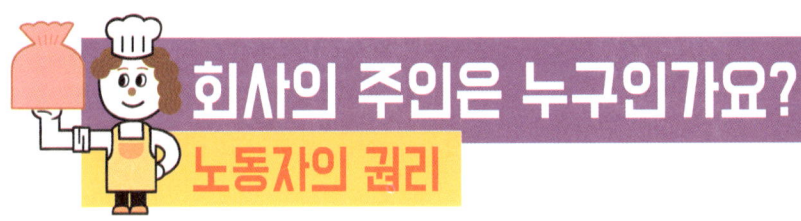

회사의 주인은 누구인가요?
노동자의 권리

길을 걷고 있는데, 한 회사 앞에 사람들이 잔뜩 몰려 있었어요. 우리 동네에 있는 타이어 회사였어요. 공장이 딸려 있는 아주 큰 회사지요.

회사 앞 사람들은 모두 푸른색 작업복을 입고 있었고, 목이 터져라 소리쳤어요.

"우리의 일터를 함부로 닫지 말라!"

"협상하라! 우리 노동자들은 일회용이 아니다!"

한쪽에서는 악기를 연주하는 무리도 있었어요. 흥겨운 음악을 연주해서 마치 축제처럼 보이기도 했어요.

"엄마, 저 사람들은 지금 뭐 하는 거예요? 축제인가요?"

나는 타이어 회사를 가리키며 물었어요.

"축제가 아니라 '시위운동'이란다. 저 사람들은 타이어 회사에서 일하는 노동사들이야. 얼마 전에 회사가 문을 닫는다고 발표했더구나."

엄마는 말을 하다가 멈추고 주변을 살폈어요.

"그런데 유세프가 어디 갔지?"

엄마 말대로 유세프가 보이지 않았어요. 분명 방금 전까지 내 옆에 꼭 붙어 있었는데 말이에요.

엄마와 나는 유세프를 부르면서 사람들로 북적북적한 거리를 샅샅이 살폈어요. 하지만 유세프를 찾을 수 없었지요.

"어? 엄마!"

나는 타이어 회사 쪽을 손가락으로 가리켰어요. 거기에 유세프가 있었거든요.

유세프는 시위대 맨 앞에 있는 키가 큰 아주머니와 함께 있었어요. 유세프는 주먹을 들어 올리면서 시위대와 함께 구호를 외치고 있었지요.

나는 엄마와 함께 회사 앞으로 달려갔어요.

"유세프!"

엄마는 놀라서 유세프를 불렀어요.

그러자 유세프의 손을 잡고 있던 아주머니가 엄마에게 말을 건넸어요.

"유세프 엄마, 말리카인가요? 걱정 말아요. 유세프는 괜찮아요. 엄마가 아이를 쉽게 찾을 수 있도록 이렇게 시위대 맨 앞에 서 있었어요."

엄마는 아주머니에게 고맙다는 말을 여러 번 했어요.

"엄마, 이분은 아미나타 아주머니예요! 아주 친절하세요. 누나처럼 아미나타 아주머니도 반장이래요!"

유세프는 큰 소리로 아미나타 아주머니를 소개했어요.

"정확히는 노동조합 대표랍니다."

아미나타 아주머니는 빙그레 웃으며 말했어요.

"노동조합이 뭐예요?"

유세프가 아미나타 아주머니에게 물었어요.

"**노동조합**은 **회사에서 일하는 노동자들의 이익을 보호하기 위해 모인 단체**란다. 지금도 노동자의 권리를 위해 모여서 시위를 하고 있는 거지."

아미나타 아주머니는 자신이 들고 있는 팻말을 가리키며 말했어요. 팻말에는 '노동자를 보호하라!'라는 문구가 적혀 있었지요.

"그런데 노동조합이 요구하지 않아도 회사가 당연히 일하는 사람들을 보호해 줘야 하는 거 아닌가요?"

나는 잘 이해가 되지 않았어요.

"네가 유세프의 누나, 나디아구나. 유세프가 말했던 것처럼 아주 똑똑하고 야무진 것 같아. 나디아 네 말이 맞아. 그런데 가끔은 노동자들의 이익과 회사의 이익이 서로 달라서 문제가 발생하기도 한단다."

아미나타 아주머니가 나를 바라보며 말을 이었어요.

"우리 노동자들은 안전하고 소음이나 냄새가 없는 좋은 환경에서 일하기를 원한단다. 그리고 근무 시간이 너무 길지 않기를 바라고, 월급은 많이 받을수록 좋지. 하지만 회사 입장에서는 그런 노동자들의 바람을 모두 들어줄 수는 없단다. 아무래도 회사를 운영하기 위해서는 돈을 벌어서 이익을 내야 하니까 말이야. 그런데 가장 큰 문제는 회사가 자신만의 이익을 위해 노동자를 함부로 해고하기도 한다는 거지."

"그래서 노동조합이 필요하군요!"

내 말에 아미나타 아주머니는 힘차게 고개를 끄덕였어요.

"그렇지! 우리는 힘을 합해 노동자의 권리를 말해야 하지."

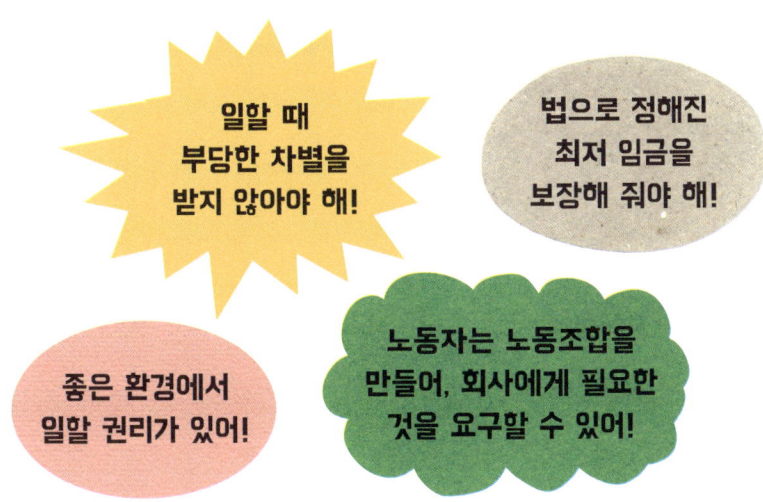

"그런데 회사는 어떻게 이익을 내나요?"

나는 아미나타 아주머니에게 물었어요.

"혹시 '부가가치'라고 들어 봤니?"

나는 아미나타 아주머니의 질문에 잠시 고민하다가 영수증을 떠올렸어요.

"영수증에 표기되는 부가가치세와 같은 건가요?"

"맞아! **부가가치**란 **기업이 생산 과정에서 새로 만들어 낸 가치**를 말한단다. 그게 바로 회사의 이익이라 볼 수 있지. 부가가치를 계산하려면, 기업이 재화나 서비스를 판매한 총금액에서 그 재화나 서비스를 생산하는 데 들었던 돈을 빼야 한단다."

아미나타 아주머니의 말이 조금 어려워서 나는 고개를 갸웃거렸어요.

그러자 이번에는 엄마가 나섰어요.

"내가 예를 들어 줄게. 빵집의 샤를로트 아주머니가 케이크를 만들려면 밀가루, 계란, 오븐 등을 사야 하지 않겠니? 그러니까 샤를로트 아주머니가 실제로 만들어 낸 부가가치를 계산하려면, 케이크의 가격에서 케이크를 만드는 데 들었던 돈을 빼야 하는 거란다."

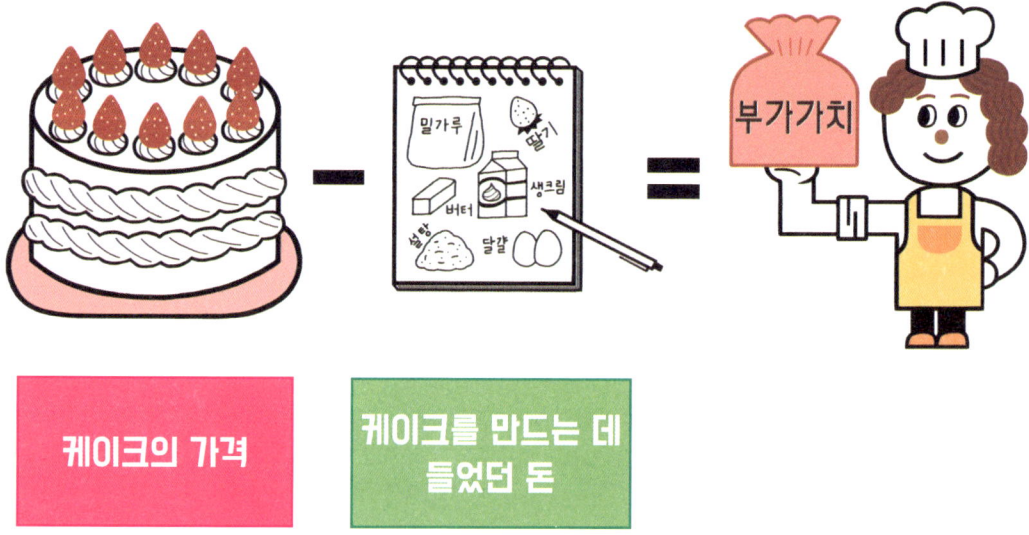

"아하!"

나와 유세프가 동시에 외쳤어요. 케이크에 비유하니까 유세프도 잘 이해가 되었나 봐요.

"그렇게 회사가 이익을 내는 데, 회사에서 일하는 사람들도 한몫을 한단다. 그래서 나는 회사와 노동자가 함께 성장한다고 생각하고 있었지. 그런데 우리 타이어 회사가 갑작스럽게 문을 닫는다고 통보한 거야. 회사에서 일하던 우리는 하루아침에 일자리를 잃게 된 거지. 그런 회사 쪽의 행동이 부당하다고 생각해서, 이렇게 모여 시위를 하고 있는 거란다."

아미나타 아주머니는 조금 지친 목소리로 말했어요. 그 말을 들으니까 왠지 화가 났어요. 하루아침에 일자리를 잃는 건 아주 슬플 것 같았거든요.

왜 노동자들이 일을 멈추고 파업을 하는 걸까요?

#노동자의 권리 #노동조합 #파업

사람은 누구나 평등해. 그게 고용주든, 노동자든 말이야. 그런데 노동자는 돈을 받는 입장이기 때문에 경제적으로 약자일 수밖에 없어. 아무래도 노동자 혼자서 회사를 상대로 자신의 권리를 주장하는 건 더욱 어렵지.

그래서 노동자들은 힘을 모아 노동조합을 만들 수 있단다. 그리고 노동조합을 통해 필요한 것을 자유롭게 요구할 수 있어. 노동자의 권리뿐만 아니라 근무 환경과 임금 조건을 더 좋게 고치도록 요구할 수 있는 거지. 회사와 노동조합이 잘 타협해서 좋은 결과가 날 수도 있지만, 만약 회사 쪽에서 노동조합의 요구를 들어주지 않으면 노동조합은 파업과 같은 단체 행동도 할 수 있단다.

이제는 노동자들이 파업을 하거나 시위운동을 한다면 그냥 지나치지 말고, 왜 그런지 노동자들의 목소리를 들어주렴.

꼬리에 꼬리를 물고
경제를 움직이는 가계와 기업과 정부

"아미나타 아주머니! 그런데 이렇게 소리 지르는 게 무슨 도움이 되나요? 회사에는 아무도 없는 것 같은데요."

나는 문이 굳게 닫혀 있는 회사 정문을 보며 말했어요.

"다른 사람들이 우리를 지지해 주도록 호소하려는 거야. 많은 사람들이 회사의 부당한 행동을 알게 되면, 회사는 더 이상 마음대로 행동할 수 없거든."

아미나타 아주머니가 눈을 빛내며 말했어요.

"우리 회사가 문을 닫으면, 다른 문제들도 연달아 일어날 거야."

"그게 무슨 말씀이신가요?"

나는 깜짝 놀라서 물었어요.

"회사가 문을 닫으면 여기 있는 우리는 일자리를 잃게 되지. 그러면 돈을 벌 수 없으니까 예전처럼 돈을 쓸 수 없을 거야. 그렇게 되면 동네 시장에서 물건을 사는 사람들이 뜸해질 거고, 상인들도 피해를 입겠지. 그렇게 꼬리에 꼬리를 물고 영향을 받게 된단다."

"어머! 그 생각은 못했어요!"

나는 정말 놀랐어요. 아미나타 아주머니의 회사는 정말 큰 회사거든요. 회사가 문을 닫으면 우리 동네 사람들의 일자리가 없어진다는 말이기도 했어요. 일자리가 없어진 아미나타 아주머니를 시작으로 시장에서 일하는 조엘 아저씨와 은행에서 일하는 프레드세수 아주머니도 연달아 생각나는 거예요.

"경제는 서로서로 연결되어 있군요."

내 말에 아미나타 아주머니가 고개를 끄덕이며 이야기했어요.

"그래, 맞아. **경제 주체**를 크게 **가계, 기업, 정부**로 볼 수 있단다. '가계'에서는 회사에서 월급을 받거나 가게를 운영해서 돈을 벌고, 그 돈으로 생활에 필요한 물건을 사지. 그렇게 가계에서 물건값으로 낸 돈은 물건을 생산한 기업에게 간단다. '기업'은 물건을 만들어 팔아 돈을 벌고, 그 돈을 물건의 재료비로 쓰거나 노동자들에게 월급을 주지. 그리고 '정부'는 가계와 기업에게서 세금을 받아 공공 서비스를 제공하고, 국민의 복지를 위해 돈을 쓰고, 기업이 성장할 수 있도록 지원해 준단다."

"그러니까 가계, 기업, 정부가 각자 자기 역할을 잘해야 전체 경제가 잘 돌아간다는 말씀이시군요!"

아미나타 아주머니의 말을 곱씹으며 나는 가계와 기업과 정부가 손을 잡고 함께 걷는 모습을 상상해 봤어요. 하나가 넘어지면 다

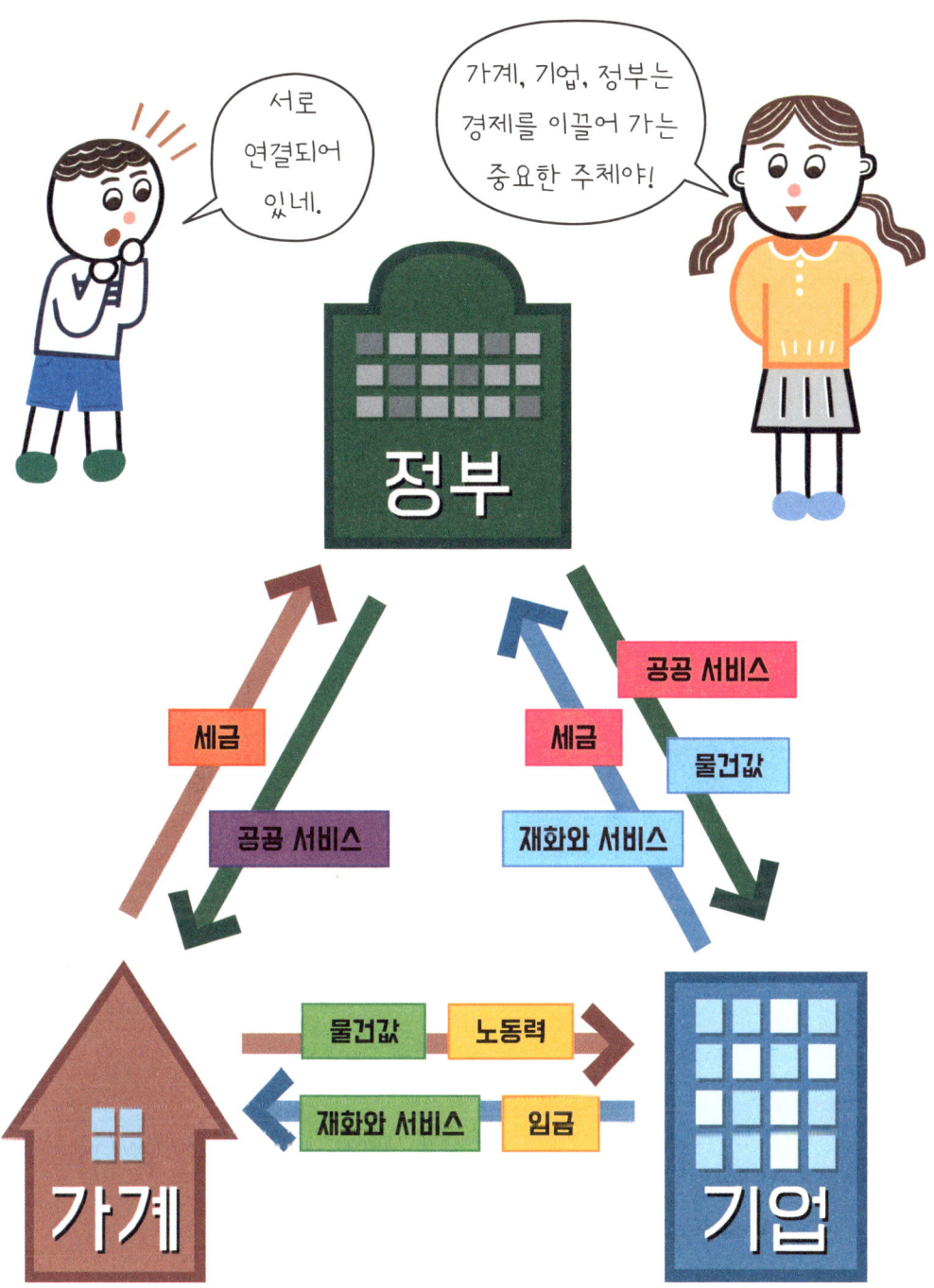

같이 넘어지는 것처럼 가계, 기업, 정부 가운데 하나가 힘들면 다 같이 힘들어지는 모습이 자연스레 떠올랐지요.

"아미나타 아주머니의 회사가 문을 닫지 않았으면 좋겠어요!"

가만히 이야기를 듣던 유세프가 평소와 다르게 진지하게 말했어요. 나도 유세프의 마음과 같았지요.

"나도 그랬으면 좋겠구나. 그래서 여기 노동자들이 한데 모여 있는 거란다. 나디아와 유세프도 학교에 가서 친구들에게 우리 회사 이야기를 전해 주면 좋겠구나. 관심만큼 중요한 건 없거든."

"네!"

아미나타 아주머니의 말에 나와 유세프는 꼭 그렇게 하겠다고 입 모아 대답했어요.

경제 활동에서 기업은 어떤 역할을 하나요?

#기업의 역할 #경제 주체

　우리가 알고 있는 다양한 회사들은 경제 주체 가운데 하나인 기업이야. 기업은 사람들이 살아가는 데 필요한 재화와 서비스를 만들고 팔아서 돈을 벌어. 기업은 그렇게 번 돈을 생산 활동을 하는 데 참여한 모든 사람에게 그 대가를 분배한단다. 먼저 우리와 같은 노동자에게 임금을 줘야 하고, 사무실이나 공장에 쓰이는 기계를 빌려준 사람에게 임대료를 줘야 하지. 그리고 기업이 은행에서 대출을 받았다면, 은행에 빌린 돈과 이자를 갚아야 해. 또한 국가에 세금도 내야 하지.

　기업이 성장하면 일자리가 많아지고, 일하는 사람들은 임금을 더 받을 수 있어서 지금보다 잘살 수 있게 돼. 기업과 사람들이 잘살게 되면 당연히 나라의 경제도 함께 성장하게 된단다.

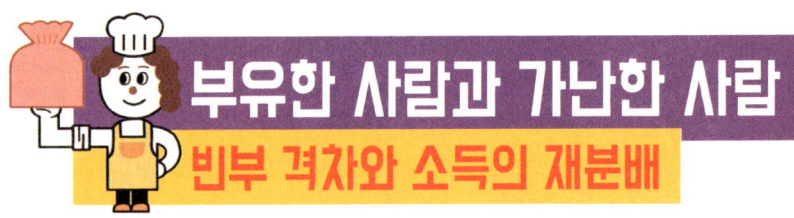

부유한 사람과 가난한 사람
빈부 격차와 소득의 재분배

"어? 저분도 노동자인가요?"

유세프는 길거리에 앉아 있는 아저씨를 가리켰어요. 아저씨는 낡고 해진 옷을 입고 돈을 달라고 구걸하고 있었지요. 엄마는 아저씨에게 다가가 지갑에서 돈을 꺼내 줬어요.

"집이 없는 사람인 것 같구나. 꽤 오랫동안 길에서 마주쳤거든."

아미나타 아주머니가 걱정스럽다는 얼굴로 말했어요.

"왜 집이 없는 걸까?"

유세프가 고개를 갸웃거렸어요.

"아마 일자리를 잃은 게 아닐까? 돈을 벌지 못하니까, 집세나 세금을 내지 못하고, 결국 집에서 쫓겨난 걸 수도 있지."

내 말에 유세프가 얼른 말했어요.

"그럼, 무조건 돈을 많이 벌어야겠네?"

유세프의 말에 아미나타 아주머니가 조심스럽게 입을 열었어요.

"음, 우리가 짚고 넘어가야 할 게 있단다. 사람들은 교육을 많이 받았거나 돈을 많이 벌수록 성공했다고 생각해. 엔지니어나 연구원, 의사 같은 사람들은 공부도 많이 하고 또 그만큼 능력을 인정받지. 하지만 공장 노동자나 식당 종업원, 계산원 같은 사람들은 대단치 않게 생각하는 경우가 많아. 그렇게 생각하기보다는 어떤 일을 하든지 모두 존중해야 한단다."

"계산하는 일이 쉬운 일은 아니잖아요. 시장 조엘 아저씨만 봐도 과일과 채소를 한꺼번에 뚝딱 계산하고 정확하게 잔돈을 주시던데, 제 눈에는 정말 대단해 보이던걸요."

나는 이해가 되지 않았어요.

그때 엄마가 다가와서 웃으며 말했지요.

"나디아, 네 말이 맞아. 엄마도 병원에서 간호사로 일할 때 가끔 무시를 당한 적이 있단다. 의사가 간호사보다 공부를 더 많이 했기 때문에 월급도 많이 받고, 간호사보다 의사가 더 능력 있다고 생각하는 사람들도 있거든. 의사가 간호사보다 더 가치가 있다고 생각한 거지. 하지만 모두 똑같이 중요한 역할을 하고 있다는 사실을 알아야 해."

그러자 유세프가 나섰어요.

"그래도 돈을 많이 벌면 좋지 않나요? 그러고 보니 축구 선수들이 그런 것 같아요. 유명한 축구 선수들은 연봉이 엄청 높잖아요. 저도 나중에 돈 많이 버는 축구 선수가 될 거예요. 멋지죠?"

유세프가 의기양양하게 말하자 엄마가 살짝 웃으며 말했어요.

"멋진 꿈이구나. 하지만 유세프, 명심해야 할 게 있단다. 축구 선수가 되려면 아주 열심히 훈련을 해야 하거든. 게다가 축구 선수 모두가 돈을 많이 버는 건 아니란다. 축구 선수끼리도 실력이나 성과에 따라 소득이 다르거든. 마찬가지로 같은 회사에서 일하더라도 임원들은 일반 직원들보다 몇 배나 더 많은 돈을 벌지."

유세프가 아쉽다며 혼잣말을 하는 사이에 내가 물었어요.

"그런데 왜 사람마다 소득 차이가 나는 거예요?"

이번에는 아미나타 아주머니가 대답해 줬어요.

"소득의 분배는 모두에게 똑같이 이뤄지지 않아. 다양한 이유가 있지만, 무엇보다도 생산 활동 과정에서 만들어 내는 부가가치가 다르기 때문이지."

아미나타 아주머니는 설명을 계속해 줬어요.

"어느 사회에서나 각 개인에게 분배되는 소득은 다르단다. 그렇게 **가난한 사람과 부유한 사람이 생기고, 그 경제적인 차이**를 **빈부 격차**라고 한단다. 그런데 문제는 부유한 사람은 더 부유해지고, 가난한 사람은 더 가난해지면서 빈부 격차가 커지는 거야. 그 이유에 대해서는 다양한 의견이 있단다. 개인의 노력과 의지가 부족해서 가난에서 벗어나지 못한다고 생각하기도 해. 실제로 열심히 공부

하고 열심히 일해서 성공한 사람들도 있으니까 말이야. 개인의 문제가 아니라 사회의 문제라는 의견도 있어. 그래서 나라에서는 가난한 사람이 공정하게 교육을 받을 수 있도록 하고, 비정규직 노동자나 일자리를 잃은 사람들을 보호해 줄 수 있는 정책이 필요하다고 하지. 어떻든 빈부 격차가 너무 커지지 않도록 주의해야 돼. 격차가 너무 벌어지면 경제적인 갈등이 생기고, 함께 살아가야 할 사회가 불안해질 수밖에 없거든. 이런 빈부 격차 현상은 나라와 나라 사이에서도 일어나고 있단다."

"부유한 나라와 가난한 나라가 있다고요?"

내 말에 아미나타 아주머니는 고개를 끄덕였어요.

"그렇단다. 비싸게 팔 수 있는 자원을 많이 가지고 있을수록, 기술 발전에 투자할 수 있는 자본을 충분히 가지고 있을수록, 또는 국민의 교육 수준이 높을수록 나라는 부유해지지. 하지만 그 반대일수록 나라는 가난해져. 실제로 식량이 부족해 굶주리고, 아파도 치료받지 못하고, 학교도 가지 못해 교육을 받지 못하는 빈곤한 나라들이 생각보다 많단다."

"가난한 나라와 가난한 사람에게 관심을 가져야겠네요."

아미나타 아주머니는 내 머리를 쓰다듬으며 말했어요.

"그래. 중요한 사실은 부라는 게 가치의 절대적인 기준은 아니란다. 가치는 가격으로 매길 수 없다는 거지. 매우 귀중하지만 돈으로 살 수 없는 것도 있거든. 지금 숨 쉬는 공기라든가 친구나 가족의 사랑 같은 것 말이야!"

아미나타 아주머니의 말을 들으니까 마음이 놓였어요. 아미나타 아주머니는 방긋 웃으며 계속 이야기했지요.

"빈부 격차로 인한 문제를 해결하기 위해서는 무엇보다 국가가 여러 제도를 통해 소득을 재분배하는 역할을 해야 해. **소득 재분배**란 **소득이나 재산이 많은 사람에게서 세금을 더 많이 거두고, 그 세금으로 소득이나 재산이 적은 사람이 더 나은 생활을 할 수 있도록**

지원해 주는 거란다."

나는 저만치 떨어져 있는 집 없는 아저씨를 바라봤어요. 아저씨에게도 도움의 손길이 꼭 닿기를 바랐지요.

1. 소득이나 재산에 따라 세금을 거둔다.

2. 세금을 가난한 사람에게 재분배한다.

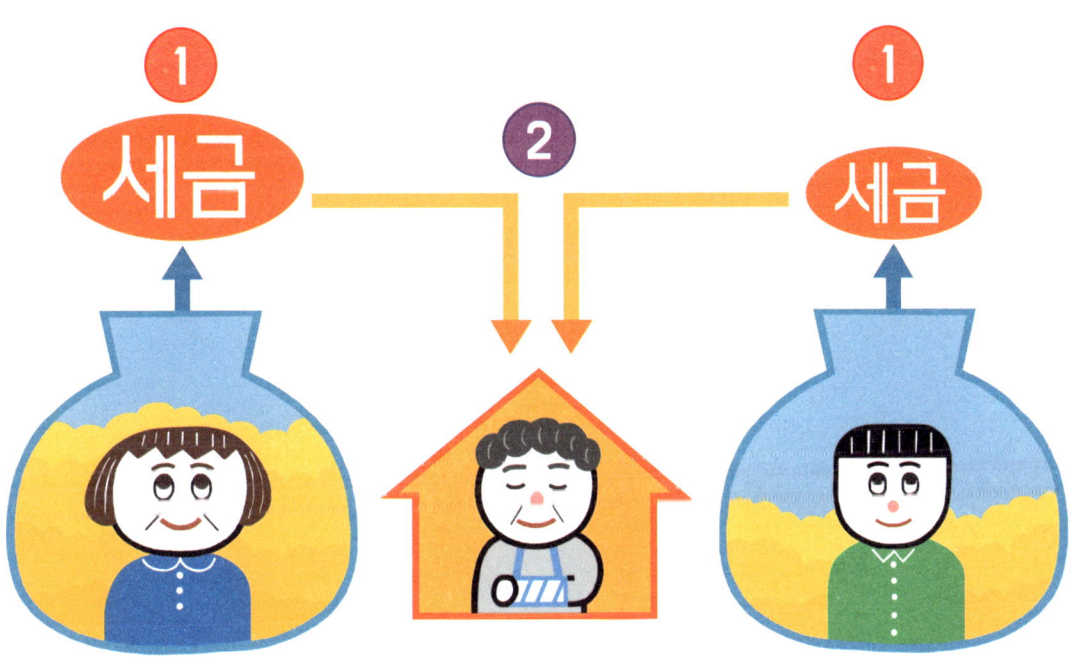

"모두가 잘 살았으면 좋겠어요."

유세프가 오랜만에 멋진 말을 했어요.

"그래. 이제 내 자리로 돌아가야겠구나. 우리의 권리를 지키기 위해서 말이야."

아미나타 아주머니는 우리에게 조심히 가라며 손을 흔들었어요. 우리도 손을 흔들었지요. 마음속으로 아미나타 아주머니와 노동조합 사람들이 좋은 성과를 거두기를 기원하면서요.

소득을 재분배하는 사회 보장 제도에 대해 알려 주세요!

#사회 보장 제도 #사회 보험 #공공 부조 #사회 복지 서비스

사회 보장 제도는 국민이 최소한의 인간다운 생활을 할 수 있도록 국가에서 보장해 주는 제도란다. 사회 보장 제도는 나라마다 다르니까 한국을 예로 들어 설명해 줄게.

사회 보장 제도는 크게 세 가지로 볼 수 있어. 첫 번째로 '사회 보험'이 있단다. 사회 보험은 국민의 복지를 위해 국가에서 운영하고 관리하는 보험이야. 소득이나 재산에 따라 보험료가 매겨지고, 사회 보험에 가입한 국민과 기업이 나눠서 낸단다. 사회 보험에는 국민연금, 국민건강보험, 고용보험, 산재보험 등이 있어. 두 번째로 '공공 부조'는 돈을 벌 능력이 없는 빈곤층이 기본 생활을 할 수 있도록 최저 생활비를 지원해 주는 거야. 공공 부조는 국가에서 모든 비용을 부담해 주지. 마지막으로 '사회 복지 서비스'는 사회적으로 보호받아야 하는 사람들이 안정적으로 생활할 수 있도록 국가에서 교육, 의료 등의 서비스를 지원해 주는 거란다.

나디아의 세 번째 경제 활동 도전기

★ 도전 주제 : 케이크 회사의 CEO 되어 보기!
★ 도전 목표 : 회사를 세우고 모의로 운영해 봐요.

 자신이 차리고 싶은 회사의 사업계획서를 만들어요

CEO는 최고경영자로서, 회사의 모든 일을 결정하고 지휘하는 일을 해요. 나는 CEO가 되어 케이크 회사를 차릴 거예요. 우선 사업계획서를 작성해요.

> ★ 사업계획서가 필요한 까닭
> ▶ 건물의 설계도처럼 회사를 세우는 뼈대가 된다.
> ▶ 회사를 차릴 자본금을 마련할 때 사람들이 돈을 투자할 수 있도록 설득할 수 있다.

사업 계획서

회사 이름	달콤한 나디아 케이크
회사를 세우는 목적	① 케이크를 잘 만들 수 있는 나만의 특별한 비법이 있다. (빵 가게의 샤를로트 아주머니에게 직접 배움!) ② 케이크를 팔아서 돈을 번다.
회사 운영 방안	① 케이크를 만들 수 있는 재료의 비용을 투자자들(친구들)을 통해 마련한다. ② 케이크를 만들어 학교 아이들에게 팔아서 돈을 번다. (배송은 내가 직접!) ③ 번 돈을 투자자들(친구들)과 나눈다.

회사의 물건을 홍보해요

다행히 친구들이 돈을 모아 줬어요. 그 돈과 내 돈을 합해서 케이크를 만들 수 있는 재료를 사고, 학교 친구들에게 홍보를 했어요. 홍보는 사람들의 마음을 움직여 물건을 사도록 만드는 것이지요.

'원하는 케이크를 만들어 드립니다!'라는 홍보 문구를 선생님의 허락을 받고 학교 홈페이지에 올렸어요. '5명 한정 판매'라는 말도 덧붙였지요.

★ 홍보 잘하는 팁
▶ 상품의 장점을 간단하고 명확하게 전달!
▶ 상품만 가지고 있는 특별함을 강조!
▶ 상품이 필요한 사람에게 집중!
▶ 가끔은 '한정 판매'가 효과 있음!

 ### 회사를 운영하고 돈을 벌어요

케이크 가격은 재료비, 포장비 등을 고려해서 정했어요. 이익이 남아야 하니까요. 주문이 들어와서 케이크를 집에서 만들어서 내가 직접 전해 줬어요. 그렇게 5개의 케이크를 모두 팔았지요! 케이크를 팔아서 돈을 벌었고, 처음에 돈을 투자해 준 친구들과 돈을 나눴어요. 그리고 내 몫의 돈으로 케이크를 계속 만들어서 팔 예정이에요.

★ 도전 성과를 확인해요!

✓ 사업계획서를 작성해서 친구들에게 보여 주고, 자신이 하려는 사업의 장단점을 함께 이야기해 봐요.

✓ 친구들과 모의로 회사를 운영해 봐요. CEO와 회사의 다양한 일을 나눠서 담당자를 정하고, 각자가 해야 할 일이 무엇인지 생각해요.

팡 아저씨의 아름다운 마음
사회적 기업의 가치

"자, 조금 늦었지만 점심을 먹자꾸나."

엄마는 단골 식당으로 우리를 이끌었어요. 바로 중국 음식점 '만리장성'이었죠.

만리장성은 지점이 여러 개 있는 외식 기업이에요. 우리 동네에 있는 만리장성은 팡 아저씨가 운영하고 있지요.

나와 유세프는 배가 고파서 헐레벌떡 음식점으로 뛰어 들어갔어요. 음식점에 들어서자 팡 아저씨가 바로 보였어요.

"어서 오렴!"

팡 아저씨는 두 팔을 벌려 우리를 반겨 줬지요.

"안녕하세요?"

나와 유세프도 큰 소리로 인사했어요. 팡 아저씨는 환하게 웃으며 좋은 자리로 안내해 줬지요.

"밀리카두 어서 와요. 오늘은 어떤 요리를 주문할래요?"

팡 아저씨는 엄마에게 상냥한 목소리로 물었어요.

"항상 먹는 거요!"

대답은 유세프가 했어요.

"춘권과 바삭하게 구운 닭고기, 광둥식 쌀밥 말이지?"

팡 아저씨는 망설이지 않고 술술 말했어요. 나와 유세프는 신나서 '네!'라고 소리쳤지요.

"모두를 위해 리치 주스도 준비해 주세요. 가게를 차릴 수 있는 자금을 대출받은 기념으로 가족이 함께 축하하려고요!"

엄마의 말에 팡 아저씨가 함께 기뻐해 줬어요.

"아이고, 축하해요! 말리카도 이제 창업하는 거네요?"

"창업이요?"

유세프가 팡 아저씨에게 물었어요.

"**창업**은 **사업을 처음 시작**하는 걸 말한단다. 회사를 차리는 거라고 볼 수 있지."

"우아, 그럼 엄마가 사장이 되는 거네요!"

팡 아저씨의 설명이 끝나자마자 유세프가 호들갑을 떨었어요.

"그런 셈이지. 나디아와 유세프가 직원이 돼서 나를 도와줬으면 좋겠는데."

엄마는 한쪽 눈을 찡긋하며 말했어요.

"그럼, 누나와 저는 노동조합부터 만들어야겠네요."

유세프의 말에 우리 모두 크게 웃었어요. 유세프가 아미나타 아주머니의 이야기들을 한 귀로 듣고 한 귀로 흘리지는 않은 모양이에요.

"가게 준비를 하느라 정신이 없겠어요. 기운 빠지라고 하는 말은 아니지만, 창업이라는 게 보통 어려운 일이 아니죠. 신경 써야 할 일이 정말 많으니까요."

팡 아저씨가 진지한 얼굴로 말했어요.

"네, 분명 힘들겠죠. 그래도 팡 사장님은 이렇게 성공하셨잖아요! 저도 사장님처럼 되고 싶어요."

엄마는 살짝 웃으며 말을 이었어요.

"무엇보다 여기 만리장성은 '사회적 기업'이라서 제가 배울 점이 많죠."

"사회적 기업이요?"

나와 유세프가 동시에 물었어요. 기업에 대해서는 아미나타 아주머니에게 들었는데, 사회적 기업이라는 말은 낯설었어요.

"기업이라는 말은 많이 들어 봤겠지? 기업은 이익을 얻기 위해 재화나 서비스를 생산하고 판매한단다. 그런데 **사회적 기업**은 **취약 계층에게 일자리나 교육 같은 서비스를 제공해 준다든가, 환경 보호처럼 사회적으로 가치 있는 활동을 하는 기업**을 말하지."

팡 아저씨의 설명을 듣다 보니 아리송했어요.

"그러니까 기업은 기업인데, 돈을 벌어서 그 돈으로 사회에 도움이 되는 일을 한다는 말씀이신가요?"

"그렇지!"

내가 더듬더듬 정리하자 팡 아저씨가 무릎을 탁 쳤어요.

"그러면 만리장성은 어떤 식으로 사회에 도움을 주나요? 음식을 파는 건 알겠지만요."

팡 아저씨는 입술을 한 번 축이고서 이야기를 시작했어요.

"먼저 내 이야기를 해야겠구나. 나는 중국에 있을 때 대학교에서 생물학을 가르치는 교수였단다. 그러다가 가족과 함께 고향을 떠나 프랑스에 오게 되었는데, 여기서는 내 학위가 인정되지 않더구나. 돈을 벌어야 하는데, 참 막막했지. 그래서 이리저리 발품을 팔면서 직장을 알아보다가 사회적 기업인 '만리장성'을 알게 되었단다. 만리장성은 나같이 직업을 구하기 힘든 외국인을 대상으로 요리를 가르쳐 주고, 취업할 수 있도록 도와줬지. 지금은 나도 식당 사장이 돼서 돈을 벌고, 직업을 갖기 어려운 외국인에게 무료로 요리를 가르쳐 주고 있단다."

"우아, 좋은 일을 하고 계시네요! 돈을 벌면서도 보람이 있을 것 같아요."

"그럼! 나도 어려울 때 도움을 받았으니, 이번에는 내가 어려운 사람들을 돕고 싶었단다."

내 말에 팡 아저씨는 고개를 끄덕이며 미소를 지었어요. 그리고 계속 말을 이었어요.

"이렇게 사회적 기업처럼 사회적 가치를 중시하는 경제 활동을 '사회적 경제'라고 부른단다. 사회적 경제에 대해 파악하려면 우선 어떻게 시작되었는지부터 알아야 하겠구나. 음, 우선 우리가 일반적으로 알고 있는 경제는 생산자와 소비자 사이의 자유로운 거래를 통해 수요와 공급이 이뤄지는 활동이야. 이것을 '시장 경제'라고 부른단다. 하지만 시장 경제에도 문제점이 있었지. 개인의 이익을 추구하기 때문에 사회의 소외 계층이나 약자를 보호하기 힘든 거야. 그래서 사회적 경제가 생겨난 거란다. **사회적 경제**는 **모두가 함께 공동의 이익을 추구하기 위해 사회 구성원이 스스로 참여하여 어려운 일을 해결하는 경제 활동**이거든. 그렇게 더 나은 세상을 만들기 위해 사회적 기업, 공정 무역, 협동조합 등 다양한 형태와 조직이 사회적 경제 활동을 하고 있단다."

"나도 사회적 기업을 만들래요!"

유세프가 손을 번쩍 들며 말했어요. 팡 아저씨가 멋져 보인 모양이에요.

"아까는 돈 많이 버는 축구 선수가 되고 싶다면서?"

내가 살짝 비꼬자 유세프는 입을 삐죽거렸어요.

"축구 선수도 멋지지! 나중에 유세프가 축구 선수로 돈을 벌게 된다면, 가난한 사람에게 기부를 해도 사회에 도움을 주는 거란다."

"기부요?"

팡 아저씨의 말에 유세프가 눈을 반짝였어요.

"그래. **형편이 어려운 사람들을 돕기 위해 돈이나 물건을 대가 없이 주는 것**을 **기부**라고 한단다."

"전 역시 축구 선수가 되는 게 좋겠어요. 돈을 많이 벌어서 가난한 사람들을 도울 수 있으니까요."

"돈을 많이 버는 축구 선수보다 도움을 주는 축구 선수가 더 멋질 것 같구나."

엄마는 웃으며 유세프의 머리를 쓰다듬어 줬어요.

"그럼 잠시만 기다려요. 금방 음식을 만들어 올게요."

팡 아저씨는 서둘러 주방으로 들어갔어요.

사회적 기업에서 만난 경제 멘토

사회적 가치를 실현하는 은행이 있다고요?

#그라민 은행 #무함마드 유누스

　사회적 기업의 대표적인 예로 '그라민 은행'이 있어. 그라민 은행은 방글라데시의 경제학자인 무함마드 유누스가 설립한 은행으로, 가난한 사람들에게 돈을 빌려준단다.

　일반 은행에서는 재산이 있는 사람에게 돈을 빌려줘. 당장 돈이 없어도 갚을 수 있는 재산을 믿고 은행은 돈을 빌려주는 거지. 그런데 가난한 사람들은 재산이 너무 적거나 없으니까 일반 은행에서는 돈을 빌리기가 힘든 거야. 그런 가난한 사람들을 위해 그라민 은행은 재산이 없는 빈곤층을 대상으로 아주 낮은 이자만 받고 돈을 빌려주고 있어.

　그라민 은행 덕분에 많은 사람들이 살림살이가 조금씩 나아져 가난에서 벗어날 수 있었다고 해. 이렇게 사회적으로 도움이 된 유누스는 2006년에 노벨 평화상을 받았단다.

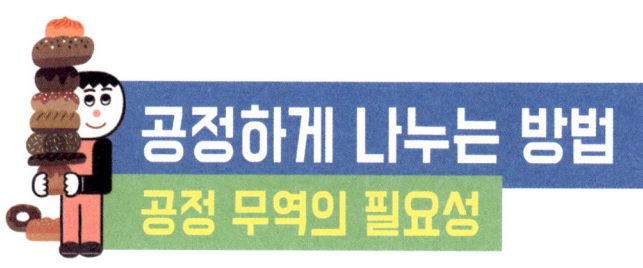

공정하게 나누는 방법
공정 무역의 필요성

"여기 음식 나왔습니다!"

팡 아저씨는 우리가 주문한 음식들을 뚝딱뚝딱 만들어서 내왔어요. 배가 고파서 그런지 항상 시켜 먹었던 음식인데도 오늘따라 더 먹음직스러워 보였지요.

"잘 먹겠습니다!"

나와 유세프는 입 모아 외치고는 음식을 먹기 시작했어요. 팡 아저씨의 음식은 정말 맛있었지요.

우리 가족은 리치 주스가 담긴 컵을 들고 엄마의 가게가 잘되기를 한마음으로 바랐어요. 팡 아저씨도 함께 축하해 줬지요.

"그런데 말리카, 어떤 가게를 열 생각인가요?"

팡 아저씨가 의자를 끌고 와서 앉으며 물었어요. 점심시간이 지나서인지 팡 아저씨는 조금 한가해 보였지요.

"식품점이요. 조금 특별한 종류의 식품점을 생각하고 있어요."

엄마가 살짝 웃으며 바로 말을 이었어요.

"공정 무역으로 들여온 식품을 판매할 계획이거든요."

"공정 무역이라고요? 그게 뭐예요?"

유세프는 닭고기를 입안에 가득 물고서 물었어요.

"**공정 무역**은 **생산자들이 생산한 물건에 대해서 정당한 대가를 받을 수 있도록 거래하는 무역**을 말한단다. 무역을 하는 다국적 기업들은 가난한 나라의 생산자들에게 아주 싼값으로 물건을 사들인단다. 그렇게 생산자들은 노동과 물건에 대한 대가를 제대로 받지 못해서 더 가난해지고, 다국적 기업만 돈을 많이 버는 거지."

"어머, 너무해요!"
엄마 말을 듣다가 나도 모르게 소리쳤어요.
"그래서 공정 무역이 필요한 거야."

생산자와 노동자가 공정한 대가를 받을 수 있도록!

생산자와 노동자의 인권 보호!

생산 과정에서 발생할 수 있는 환경 오염 문제 해결 노력!

그러니까 조금 비싸더라도 공정 무역으로 들어온 초콜릿을 사 먹어야지!

무역

엄마 말을 들으면서 나는 고개를 끄덕였어요.

그때 팡 아저씨도 나서서 이야기를 꺼냈지요.

"나도 공정 무역에 관심이 많단다. 아프리카의 카카오 농장에서 일하는 노동자들이 정당한 대가를 받지 못하고 있다는 이야기를 들었거든. 큰 기업에서 카카오를 헐값에 사들이는 바람에 노동자가 받는 임금이 아주 적을 수밖에 없는 거야. 그렇게 노동자들은 제대로 된 소득을 벌지 못해서 가난하게 살게 되고, 그 집에 사는 어린이들까지 학교에 가지 못하고 카카오 농장에서 일한다고 하더구나. 노동자들이 더 이상 피해를 보지 않도록, 어린이들이 일하지 않고 교육을 받을 수 있도록 공정 무역이 꼭 필요한 거란다."

"저도 이제부터 공정 무역 제품을 사야겠어요."

나는 주먹을 불끈 쥐며 다짐하듯 말했어요.

"그런데 팡 아저씨, 공정 무역 제품을 어떻게 알 수 있나요?"

"공정 무역 제품이라고 표시하는 인증 제도가 있단다."

팡 아저씨가 일어나서 계산대 쪽에서 커피 봉지를 하나 가져왔어요. 봉지에는 처음 보는 표시가 있었지요.

"이건 국제공정무역상표기구(FLO)에서 인증을 받았다는 표시란다. 이 표시를 달고 있는 제품은 생산자와 노동자에게 정당한 대가가 돌아갔다는 뜻이기도 하고, 부당하게 일하지 않았다는 뜻이기도 해. 그러니까 공정 무역의 과정을 잘 거쳤다는 인증이지. 그밖에도 세계공정무역기구(WFTO) 등 다양한 기관에서 공정 무역이 잘 지켜지고 있는지 살피고, 인증 표시를 해 주고 있단다."

나와 유세프는 함께 공정 무역 인증 표시를 유심히 살폈어요.

"어? 그러고 보니 이제부터 엄마 가게에서 물건을 사면 되겠네요."

나는 엄마 쪽을 바라보며 말했어요.

"그렇구나. 그 가게에서 파는 식품들은 모두 공정 무역으로 수입된 제품일 테니까 말이야. 말리카, 가게를 열면 바로 알려 줘요. 내가 단골이 되어 줄게요."

팡 아저씨가 자상하게 말했어요.

"어머, 고마워요. 가게를 열기도 전에 단골이 생기다니, 저는 운이 좋네요."

엄마는 정말로 기뻐 보였어요.

국제공정무역상표기구(FLO)의 인증 표시!

사회적 기업에서 만난 경제 멘토

착한 소비가 뭔가요?

#착한 소비 #로컬 푸드

　공정 무역 제품은 생산자에게 정당한 대가가 돌아가기 때문에 가격이 비싸고, 그 제품을 판매하는 곳을 찾아다녀야 해서 불편할 수 있어. 공정 무역 제품을 사는 것처럼 조금 비싸고 불편하더라도 모두의 행복과 지구의 환경을 생각하는 소비를 '윤리적 소비', 즉 '착한 소비'라고 한단다.

　착한 소비의 형태로 '로컬 푸드'가 있어. 지역이라는 뜻의 로컬(local)과 먹을거리라는 뜻의 푸드(food)가 합쳐진 말로, 자기가 사는 지역에서 생산된 신선한 농산물을 사 먹는 거야. 그러면 농산물을 먼 곳에서 가져오지 않아도 되니까 차에서 배출되는 이산화탄소를 줄여서 환경 보호에 도움이 되는 거지.

　그밖에도 생명을 소중하게 생각해서 동물 실험을 하지 않은 화장품을 사는 것도, 천연 재료로 만든 친환경 생활용품을 사는 것도 착한 소비라고 볼 수 있단다.

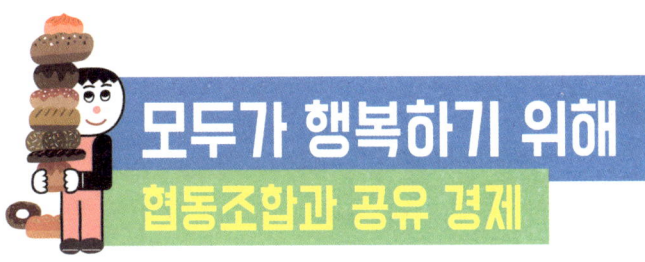

모두가 행복하기 위해
협동조합과 공유 경제

"참, 말리카. 식품점을 차리면 상인 협동조합에 들어올 건가요?"

팡 아저씨가 엄마에게 물었어요.

"그렇겠죠. 아무래도 물건을 파는 일은 처음이라서 다른 상인들과 친해져야 의견과 도움을 받을 수 있을 것 같아서요."

엄마는 고민된다는 얼굴로 말했어요.

"상인 협동조합이요?"

내가 묻자 팡 아저씨가 대답해 줬어요.

"상인들의 모임이라고 볼 수 있지. 정확히 말하자면 **협동조합**은 **사람들을 구성하고, 그 사람들끼리 돈을 모아 필요한 사업을 하는 조직**을 말한단다."

엄마가 바로 이어 설명했어요.

"우리 동네의 상인 협동조합은 시청에서 시장을 없앤다고 해서 처음 만들어졌단다. 상인들이 한마음 한뜻으로 뭉쳐서 비대했고, 결국 시장을 지켜 냈지. 그 뒤로 상인들은 협동조합으로 돈을 모아 상인 모두에게 도움이 되는 일을 하기 시작했어. 동네 사람들에게

시장을 홍보하기도 하고, 산 물건을 집까지 배달해 주는 택배 서비스도 시작했단다. 참, 농부 상인 조엘과 빵집의 샤를로트도 협동조합 조합원이란다."

"협동조합은 조합원끼리 서로 마음이 잘 맞아야 할 것 같아요."

나는 학교에서 하는 조별 과제가 떠올랐어요. 과제를 잘하려면 조원끼리 잘 맞아야 했거든요.

"물론이지. 조합원 모두가 협동조합의 주인이기 때문에 책임감을 가지고 적극적으로 참여해야 협동조합이 잘 굴러가게 된단다. 자금을 다 함께 공정하게 관리하고, 다양한 의견을 나누면서 문제를 잘 해결할 수 있도록 힘을 합쳐야 하지."

"뭉치면 살고, 흩어지면 죽는다는 말도 있잖아요!"

유세프가 주먹을 쥐며 우스꽝스럽게 외쳐서 우리 모두 웃음을 터뜨렸어요.

"협동조합 이야기를 듣다 보니까 노동조합도 생각이 나네요."

나는 웃음을 멈추고 노동자들과 함께 싸우고 있는 아미나타 아주머니가 생각나서 말했어요.

"그렇지! 둘 다 '공동체 의식'에서 시작했다고 볼 수 있으니까."

팡 아저씨는 손뼉을 한 번 치면서 말을 계속 이었어요.

"서로 도우며 살기 위해서는 공동체 의식이 필요한단다. 개인과 개인이 모여서 함께 살아가는 사회에서는 개인의 이익도 중요하지만, 공동체의 이익도 중요하게 생각해야 하지."

팡 아저씨의 말이 멋지게 들렸어요. 서로 돕는다는 건 좋은 일이니까요.

"그러고 보니 저번에 조엘에게 들었는데, 팡 사장님이 우리 동네를 위해 새로운 일을 추진하고 있다고 들었어요."

엄마는 살짝 미소를 지으며 말했어요.

"무슨 일인데요?"

나는 눈을 빛내며 팡 아저씨를 졸랐어요.

"허허, 나디아가 많이 궁금한가 보구나. 내가 만리장성을 운영하면서 외국인에게 요리를 가르쳐 주고 있잖니. 그중에는 먼 데서 찾아온 사람들도 종종 있어서 우리 가게에 비어 있는 창고를 숙박할 수 있는 방으로 꾸며서 빌려주고 있었단다. 그러던 중 상인 협동조합으로 동네 살림살이를 살피다 보니 우리 동네에 비어 있는 공간이 꽤 많더구나. 그렇게 쓰지 않는 공간을 필요한 사람들에게 빌려주면 좋을 것 같아서 동네 사람들의 의견을 모으고 있단다."

"쓰지 않는 공간을 필요한 사람이 쓴다고요?"

나는 잘 이해가 되지 않았어요. 팡 아저씨는 내가 이해할 수 있도록 찬찬히 설명해 줬지요.

"집이나 가게 등 공간이 필요한 사람들은 있는데 그냥 비어 있는 공간이 있는 건 아깝잖니. 공간뿐만 아니라 물건이나 정보, 경험도 마찬가지란다. **한 번 생산된 제품을 여럿이 함께 나눠 쓰자는 것**이지. 그런 걸 **공유 경제**라고 부른단다."

"그러니까 팡 아저씨 말씀은 내 물건을 다른 사람들과 공유한다는 건가요?"

내 말을 듣고 팡 아저씨는 고개를 크게 끄덕였어요.

"그렇지. 내 가게의 빈 공간을 다른 사람들이 숙소로 사용하듯이, 내가 안 쓰는 공간을 다른 사람들에게 빌려줘서 회의실, 강의실 등으로 유용하게 쓸 수 있도록 할 거란다. 그러면 새로운 공간을 만드는 비용보다 훨씬 절약되는 거지. 그렇게 조금씩 동네 사람들과 자원을 나눠 쓰다 보면, 쓸데없이 낭비되는 자원이 없어지지 않을까? 그리고 무엇보다 이웃과 서로 소통하게 되면서, 아까 말한 공동체 의식이 더욱 강해질 거라 믿고 있단다."

팡 아저씨는 계속 말을 이었어요.

"우리 동네에서 더 나아가 우리 사회를 살펴보면 공유 경제는 다양한 형태로 활발하게 진행되고 있단다."

- 자기 집의 빈 방을 여행객에게 숙소로 제공!
- 생활 공구를 무료로 빌려주는 공구 도서관!
- 입지 않는 옷이나 필요 없는 물건을 모아 싼값에 빌려줌!
- 소셜네트워크서비스(SNS)를 통해 지식, 경험, 재능을 서로 공유!

"결국은 모두가 행복해지기 위한 거네요."
"그래, 맞아!"
내 말에 팡 아저씨가 크게 외치며 어깨를 토닥여 줬어요.
"엄마! 그럼, '행복 식품점'으로 이름 지으면 어때요? 엄마의 가게도 모두의 행복을 위한 가게잖아요."
유세프의 말을 듣고, 나와 엄마는 깜짝 놀라서 눈을 동그랗게 떴어요. 정말 멋진 이름이었거든요.
"난 찬성!"
나는 손을 번쩍 들었어요.
"나도 찬성이란다."
엄마도 방긋 웃으며 손을 들었어요.
우리 가족은 접시를 깨끗하게 비우고, 자리에서 일어났어요. 그리고 팡 아저씨에게 인사를 했어요. 이제 집에 갈 시간이었지요.
"오늘 참 대단한 하루였어요!"
유세프가 하품을 하며 말했어요.
"엄마가 빨리 행복 식품점을 열었으면 좋겠어요. 오늘 배운 경제 이야기들이 도움 될 수 있게요."
나는 주먹을 꼭 쥐며 말했어요. 엄마는 활짝 웃으면서 나를 꼭 안아 주었어요.

나는 집으로 돌아가면서 오늘 지나쳐 온 우리 동네를 하나하나 떠올렸어요. 은행과 시장, 회사와 사회적 기업까지 말이에요. 거기서 일하는 사람들이 들려주는 생생한 경제 이야기 덕분에 머릿속이 부자가 된 기분이었어요.

세계적으로 유명한 협동조합이 있다고요?

#FC바르셀로나 #썬키스트

축구팬이라면 누구나 아는 스페인 축구단인 'FC바르셀로나'가 협동조합이라는 사실! 보통 축구단은 큰 기업이 돈을 투자해서 만드는데, FC바르셀로나는 축구 팬 18만여 명이 스스로 조합원으로 모여서 직접 축구단을 운영하고 있단다. 축구 팬들이 축구단의 주인이고, 회장도 직접 뽑을 수 있다고 해.

오렌지를 먹어 봤다면 '썬키스트'라는 회사 이름을 들어 봤을 거야. 썬키스트는 미국 캘리포니아와 애리조나의 오렌지 농민들이 만든 회사야. 예전에는 오렌지를 생산하던 농민들이 유통업자에게 돈을 제대로 받지 못하는 일이 허다했어. 그러한 부당한 거래에 맞서고자 농민들이 뭉쳐서 협동조합을 만들었고, 농민들이 생산한 오렌지를 직접 판매까지 하게 된 거야. 농민들이 만든 썬키스트는 지금도 세계 협동조합의 좋은 본보기가 되고 있단다.

나디아의 **네 번째** 경제 활동 도전기

★ 도전 주제 : 우리 반 '텃밭 가꾸기 협동조합' 만들기!
★ 도전 목표 : 협동조합을 만들고 함께 활동해 봐요.

학급 회의 시간에 의견을 나눠요

나는 우리 반 반장이에요. 그래서 내가 주도해서 학급 회의 시간에 우리 반에 가장 필요한 게 무엇인지 의견을 나누기로 했어요. 반 아이들의 의견은 다양했어요. 그중 세 가지로 의견을 모으고, 찬성하는 의견에 손을 들도록 했어요.

우리 반에 필요한 것	
학급 문고	7
정수기	3
우리 반 텃밭	13 ☆

우리 반 23명 가운데 13명이나 되는 아이들이 '우리 반 텃밭'을 선택했어요. 학교 텃밭이 하나뿐이라서 전교생이 함께 사용하기 때문에, 원하는 작물을 기를 수 없어서 안타까웠다고 해요. 그래서 우리 반을 위한 텃밭을 알아보기로 했어요.

 힘을 모아 협동조합을 만들어요

동네에 있는 주말농장을 이용하기로 했어요. 주말농장은 땅을 빌려주는 대신 1년 단위로 임대료를 받아요. 그리고 텃밭에 심을 모종과 작물을 기를 때 필요한 농기구 등을 사려면 돈이 필요해요. 그래서 반 아이들과 '텃밭 가꾸기 협동조합'을 만들었어요. 반 아이들은 모두 조합원이 되어 조금씩 돈을 모으고, 앞으로 어떤 식으로 텃밭을 운영할 것인지 계획을 세웠지요.

협동조합을 잘 운영해 봐요

> ★ 협동조합을 잘 운영하려면?
> ▶ 조합원끼리 해야 할 일을 정하고, 각자 최선 다하기!
> ▶ 협동조합의 규칙을 만들어 지키기!
> ▶ 조합원 모두가 협동조합의 주인임을 잊지 말기!

키우기 쉬운 작물로 정했어요. 농부 상인인 조엘 아저씨의 도움을 받았지요. 작물을 키워서 수확하면 시장에서 팔고, 그 돈으로 우리 반에 필요한 물품을 살 예정이에요. 우리가 만든 협동조합이 잘 굴러갈 수 있도록 조합원끼리 계속 소통할 거예요.

★ 도전 성과를 확인해요!

∨ 학급 회의를 통해 학교생활의 문제점이 무엇인지 찾아봐요.
∨ 문제점을 어떻게 해결하기로 했나요?
∨ 우리 동네에 어떤 협동조합이 있고, 어떤 목표를 가지고 활동하고 있는지 조사해 봐요.

찾아보기

엄마의 행복 식품점

우리 동네에 엄마 가게가 문을 열었어요!
엄마의 창업 과정을 한눈에 보면서
함께 배운 경제 용어를 정리해 봐요.

1. 가게에서 팔 물건을 정해요!

경제 · 15~19
생산 · 19
재화와 서비스 · 17~19
창업 · 82

2. 자본금을 마련해요!

금융 회사 · 27
대출 · 21, 25
돈 · 12~14, 45
은행 · 21~27

3. 물건의 가격을 매겨요!

가격 · 42~46
도매와 소매 · 36~40
수요와 공급 · 42~44
유통 · 36~40
희소성 · 46

4. 가게를 차리고 직원을 구하고 물건을 팔아요!

가상 화폐 · 14
경제 주체 · 66~69
공정 무역 · 90~94
교환 · 19, 45
기업의 경제 활동 · 69
노동조합 · 59~61, 64

부가가치 · 61~63
분배 · 19, 69
소비 · 19
시장 · 33~35
홍보 · 79
흥정 · 55

5. 돈을 벌어서 어디에 쓸지 계획해요!

공공 서비스 · 50~52
공유 경제 · 98~100
기부 · 87
부가가치세 · 53
빈부 격차 · 72~74
사회 보장 제도 · 77
사회적 경제 · 85~86

사회적 기업 · 83~88
세금 · 48~53, 74~75
소득 · 19, 48, 72
소득 재분배 · 74~77
저축 · 29
착한 소비 · 94
협동조합 · 95~97, 103

옮긴이 김수진

이화여자대학교와 한국외국어대학교 통번역대학원을 졸업한 후 공공기관에서 통번역 활동을 했습니다. 현재 번역 에이전시 엔터스코리아에서 출판기획 및 전문 번역가로 활동하고 있습니다.
옮긴 책으로는 『걸인과 부랑자』 『우리 아이가 거짓말을 시작했어요』 『과학 원리로 재밌게 풀어 본 건축물의 구조 이야기』 『네오르네상스가 온다』 『나쁜 말 먹는 괴물』 『역사로 통하는 맛의 항해』 등이 있습니다.

우리 동네 경제 한 바퀴
- 지금 어린이에게 필요한 경제를 배워요

초판 1쇄 2017년 4월 15일 | 초판 5쇄 2022년 7월 5일

글쓴이 이고르 마르티나슈 | **그린이** 허지영 | **옮긴이** 김수진 | **감수·추천** 최선규
펴낸이 김찬영 | **펴낸곳** 책속물고기
출판등록 제2021-000002호 | **주소** 서울특별시 영등포구 양평로 157, 1112호
전화 02-322-9239(영업) 02-322-9240(편집) | **팩스** 02-322-9243
책속물고기 카페 http://cafe.naver.com/bookinfish | **전자메일** bookinfish@naver.com

ISBN 979-11-86670-63-7 73320

이 도서의 국립중앙도서관 출판예정도서목록(CIP)은 서지정보유통지원시스템 홈페이지(http://seoji.nl.go.kr)와 국가자료공동목록시스템(http://www.nl.go.kr/kolisnet)에서 이용하실 수 있습니다.(CIP제어번호:CIP2017004354)

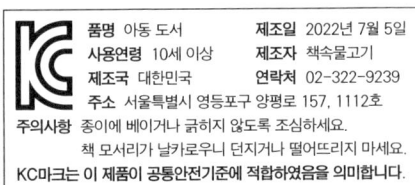

*이 책의 내용을 쓰고자 할 때는 저작권자와 출판사 양측의 허락을 받아야 합니다.
*잘못된 책은 바꾸어 드립니다.
*값은 뒤표지에 있습니다.

*이 책은 한국출판문화산업진흥원의 출판콘텐츠 창작자금을 지원받아 제작되었습니다.